JN065547

遊んでおぼえる 漢字 ワークシート

小学校中学年

増補改訂版

山口 理

いかだ社

【 「四字熟語」「ことわざ」「慣用句」も学べる
かわいい「動物の話」で学習できる
楽しさギッシリ漢字ワークシート 】

▶ この本の5つの特長

1 漢字を学びながら、四字熟語・ことわざ・慣用句もいっしょにおぼえることができます。

2 わかりやすい「使用例」で、学んだ漢字の使い方がすぐにわかります。

3 ゲーム感覚で学べるコーナー、子どもたちが大好きな「動物の話」で学べるコーナーなどもあり、漢字を「楽しく学ぶ」ためのしかけがいっぱい!

4 小学校3年生で学習する漢字200字。小学校4年生で学習する漢字202字。あわせて402字が、この一冊でバッチリ身につきます。

5 大切な漢字の"書き順"が、ひと目で理解できます。

この本の使い方

◆ それぞれの漢字が、「3年生」で学ぶのか、または「4年生」で学ぶのかが、漢字一覧表によってひと目で確認することができますので、習熟度や意欲に応じ、選択しておぼえていくと良いでしょう。

◆ まだ習っていない漢字も、ルビをふって紹介していますので、先取り学習することもできます。

◆ 106ページからの「3年生漢字200字」「4年生漢字202字」では、音読み、訓読みの全てを羅列するのではなく、使用頻度の高い読み方にしぼって表記し、必須と思われる読み方を中心に、見やすさを重視しています。

◆ 1章〜8章までありますが、子どもたちの興味・関心に応じて、順序を変えて学習することも効果的でしょう。

◆ 「書き順」は、漢字によっては諸説あったり、また時代によって変わっていくなど、柔軟に変化をしています。本書では、現時点において最も一般的な書き順に準拠しています。

◆ 新学習指導要領に対応しています。

◆ このドリル用の漢字ノートを用意し、「書いておぼえる」ことをお勧めします。

●先生方・保護者のみなさまへ

　漢字は「繰り返し学習」といわれますが、機械的に単純作業を繰り返すだけでは、学習効果が薄いでしょう。一つひとつの学習の中に、「楽しさ」があってこそ、より強固な定着がはかれるのです。その点このドリルは、「楽しんでおぼえる」ことに主眼を置いていますので、子どもたちが指示されなくても、自ら学習を楽しんで進めていくことが期待できます。

　このドリルの特徴の一つに、「横書き」という表記のスタイルがあります。「漢字ドリルなのに横書き？」と、首をひねる方もいらっしゃることでしょう。ですが、現代の子どもたちは間違いなく横書き文化のただ中にいます。国語の学習を除いては、算数であろうと、理科であろうと、生活科であろうと、漢字交じりの横書き文章を、日常から何の違和感もなく書いています。このことからも、漢字＝縦書きといった概念から、まずは大人である先生が、そして保護者のみなさまが脱却していただきたいと思います。

　このドリルは、コピーして朝自習の時間に、また、家庭での自主学習にと、活用できる場面にはとても広いものがあると考えています。筆者にも考えつかなかったような活用のしかたも、どこかに埋もれているかも知れません。担任の先生、保護者のみなさま、どうぞオリジナルの活用方法を生み出し、子どもたちをよりいっそう楽しい、漢字学習の世界へとリードしてあげてください。

山口　理

目　次

漢字まちがいさがし①

なまえ

年　　組

①から④までの熟語の漢字をよく見ると、それぞれに小さなまちがいがあるよ。見つけて、正しい漢字を□の中に書いてね。

①

神　様

□　□

▼（　　）の中に読み方を書こう
（　　　　　）（　　　）
神童・神がかり
（　　　　　）（　　　）
模様・様がわり

② 矢　取

□　□

▼（　　）の中に読み方を書こう
（　　　　）（　　　）
失礼・見失う
（　　　）（　　　　）
敗戦・試合に敗れる

③ 街　灯

□　□

▼（　　）の中に読み方を書こう
（　　　　　）（　　　　）
商店街・街角
（　　　　）（　　　）
灯台・街の灯

④ 幸　福

□　□

▼（　　）の中に読み方を書こう
（　　　　　）（　　　）
幸運・幸せ者
（　　　　　）（　　　）
大福・福引き

漢字まちがいさがし②

なまえ

年　　組

①から④までの熟語の漢字をよく見ると、それぞれに小さなまちがいがあるよ。見つけて、正しい漢字を□の中に書いてね。

① 栄　養

□　□

▼（　　　）の中に読み方を書こう
（　　　　　　）　（　　　　）
栄光・国が栄える
（　　　　　　）　（　　　　　）
養分・子どもを養う

② 研　究

□　□

▼（　　　）の中に読み方を書こう
（　　　　　）（　　　　　）
研究者・研修
（　　　　）　（　　　　）
究極・技を究める

③ 旅　館

□　□

▼（　　　）の中に読み方を書こう
（　　　）（　　　　　）
旅行・旅人
（　　　　　）（　　　　）
体育館・館長

④ 感　動

□　□

▼（　　　）の中に読み方を書こう
（　　　　　）（　　　　）
感想文・感謝
（　　　　）（　　　　）
動物・身動き

①から④までの熟語の漢字をよく見ると、それぞれに小さなまちがいがあるよ。見つけて、正しい漢字を□の中に書いてね。

①

▼（　　）の中に読み方を書こう
（　　　　）（　　　）
　保健・健やかな心と体
（　　　　　）（　　　　　）
　健康食・不健康

②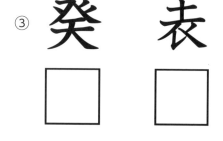

▼（　　）の中に読み方を書こう
（　　　　）（　　　）
　軍手・大軍
（　　　　　）（　　　　）
　音楽隊・隊長

③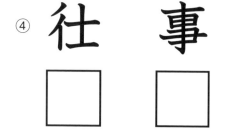

▼（　　）の中に読み方を書こう
（　　　　）（　　　　）
　発達・出発
（　　）（　　）　（　　　）
　表情・表側・顔に表れる

④ 仕　事

□　□

▼（　　）の中に読み方を書こう
（　　　）　　　（　　）
　仕組み・ご主人に仕える
（　　　）（　）
　食事・事がら

1章	漢字まちがいさがし④

なまえ

年　　組

①から④までの熟語の漢字をよく見ると、それぞれに小さなまちがいがあるよ。見つけて、正しい漢字を□の中に書いてね。

① 競　争

□　□

▼（　　）の中に読み方を書こう
（　　　　）（　　　　）　　　（　　　　）
競技・競馬・トップを競う
（　　　　）（　　　）
戦争・争いごと

② 参　加

□　□

▼（　　）の中に読み方を書こう
（　　　）（　　　）
参加・参ります
（　　　　）　　（　　　　）
加工品・ひとつ加える

③ 楽　局

□　□

▼（　　）の中に読み方を書こう
（　　　　）（　　　　）
薬品・薬箱
（　　　　）（　　　　）
郵便局・局長

④ 博　土

□　□

▼（　　）の中に読み方を書こう
（　　　　）（　　　　）
博物館・博愛の精神
（　　　　）（　　　　）
消防士・力士

漢字まちがいさがし⑤

なまえ

年　　組

①から④までの熟語の漢字をよく見ると、それぞれに小さなまちがいがあるよ。見つけて、正しい漢字を□の中に書いてね。

① 鼻　皿
　□　□

▼（　　　）の中に読み方を書こう
（　　　　　）（　　　　）
耳鼻科・鼻水
（　　　　　）（　　　　）
出血・鼻血

② 練　習
　□　□

▼（　　　）の中に読み方を書こう
（　　　）　　　　（　　　　　）
訓練・アイデアを練る
（　　　）　　　（　　　）
習字・空手を習う

③ 胃　腸
　□　□

▼（　　　）の中に読み方を書こう
（　　　）（　　　　）
胃薬・胃痛
（　　　）（　　　）
小腸・大腸

④ 周　辺
　□　□

▼（　　　）の中に読み方を書こう
（　　　）　　（　　　）
一周・家の周り
（　　　）　（　　　）（　　　）
周辺・この辺り・海辺

1章 漢字まちがいさがし⑥

なまえ

年　　組

①から④までの熟語の漢字をよく見ると、それぞれに小さなまちがいがあるよ。見つけて、正しい漢字を□の中に書いてね。

① 勝　覓

□　□

▼（　　　）の中に読み方を書こう
（　　　　　）　　　　（　　　）
勝利・戦って勝つ
（　　　）（　　　）　　　　　　（　　　）
負傷・負けるか勝ち・責任を負う

② 便　利

□　□

▼（　　　）の中に読み方を書こう
（　　　　　）（　　　）（　　　）
宅配便・方便・風の便り
（　　　　　）（　　　　）
不利・利点

③ 進　路

□　□

▼（　　　）の中に読み方を書こう
（　　　　　）（　　　　）　　　（　　　）
行進・前進・前へ進め
（　　　　　）（　　　　）
道路・家路につく

④ 集　配

□　□

▼（　　　）の中に読み方を書こう
（　　　　）　　　　　（　　　）
集合・落ち葉を集める
（　　　　）　　　　　　（　　　）
配達・プリントを配る

漢字まちがいさがし⑦

なまえ

年　　組

①から④までの熟語の漢字をよく見ると、それぞれに小さなまちがいがあるよ。見つけて、正しい漢字を□の中に書いてね。

① 印　刷

□　□

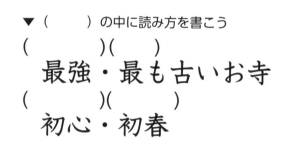

▼（　　　）の中に読み方を書こう
（　　　　　）（　　　　）
印象的・目印をつける
（　　　　）　　　　（　　　）
印刷物・ポスターを刷る

② 最　初

□　□

▼（　　　）の中に読み方を書こう
（　　　　）（　　　）
最強・最も古いお寺
（　　　　）（　　　）
初心・初春

③ 必　要

□　□

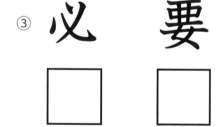

▼（　　　）の中に読み方を書こう
（　　　）（　　　　　　）
必死・必然的
（　　　）　　　　（　　　）
要点・チームの要

④ 病　院

□　□

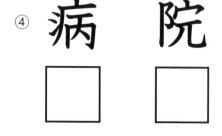

▼（　　　）の中に読み方を書こう
（　　　　）（　　）
病気・病
（　　　　）（　　　）（　　　　　　）
入院・寺院・院内学級

漢字まちがいさがし⑧

1章

しょう

かんじ

なまえ

年　　組

①から④までの熟語の漢字をよく見ると、それぞれに小さなまちがいがあるよ。見つけて、正しい漢字を□の中に書いてね。
じゅくご　かんじ
かんじ

①

□　□

▼（　　　　）の中に読み方を書こう
（　　　　　）（　　　　　）
　特色・特急
（　　　　　）（　　　　　　　）
　区別・別天地

②

□　□

▼（　　　　）の中に読み方を書こう
（　　　）（　　）　（　　　　　　）
　温泉は温かい・温度計
（　　　　　）　　　（　　　）
　速度・たった一度

③

□　□

▼（　　　　）の中に読み方を書こう
（　　　　）（　　　　）（　　　　　）
　毛筆・大筆・筆者
（　　　　）　　　（　　　）
　本箱・びっくり箱

④

□　□

▼（　　　　）の中に読み方を書こう
（　　　　　）（　　　　　）
　希望・希少
（　　　　　　）（　　　）
　望遠鏡・望み通り

13

漢字まちがいさがし⑨

なまえ

年　　組

①から④までの熟語の漢字をよく見ると、それぞれに小さなまちがいがあるよ。見つけて、正しい漢字を□の中に書いてね。

① 君　玉

□　□

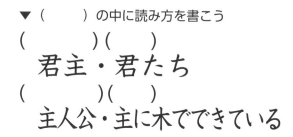

▼（　　）の中に読み方を書こう
（　　　　）（　　　）
君主・君たち
（　　　　）（　　　）
主人公・主に木でできている

② 観　察

□　□

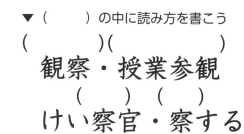

▼（　　）の中に読み方を書こう
（　　　　）（　　　　　　）
観察・授業参観
（　　）（　　）
けい察官・察する

③  定　貝

□　□

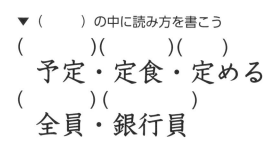

▼（　　）の中に読み方を書こう
（　　　　）（　　　　）（　　　）
予定・定食・定める
（　　　　）（　　　　）
全員・銀行員

④ 反　対

□　□

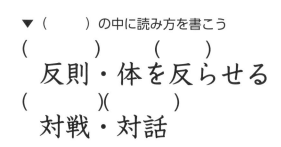

▼（　　）の中に読み方を書こう
（　　　）　（　　　）
反則・体を反らせる
（　　　　）（　　　）
対戦・対話

14

漢字まちがいさがし⑩

1章

なまえ

年　　組

①から③までの熟語の漢字をよく見ると、それぞれに小さなまちがいがあるよ。見つけて、正しい漢字を□の中に書いてね。

① 機　械

□　□

▼（　　　　）の中に読み方を書こう
（　　　　　　）（　　　　　　）
　機会・飛行機
（　　　　　　　　）（　　　　　　　　）
　器械体操・機械化

② 世　界

□　□

▼（　　　　）の中に読み方を書こう
（　　　　　　）（　　）
　世紀・世の中
（　　　）　　　（　　）（　　　　　　）
　限界・スポーツ界・境界線

③ 成　功

□　□

▼（　　　　）の中に読み方を書こう
（　　　　　）　　　（　　　　　）
　成長・なせば成る
（　　　　　　　）（　　　　　　　）
　功労者・年功序列

漢字バラバラ事件①

2章

なまえ

年　　組

ひとつの漢字が、バラバラになっちゃった。もとはどんな漢字だったのかな？
□の中に正しい漢字を書いてね。わからなかったら、ヒントの中の漢字を
見て考えよう。

①  □

▼（　　　　）の中に読み方を書こう
（　　　　）（　　　　　　　）
　県庁・都道府県

②  □

▼（　　　　）の中に読み方を書こう
（　　　　　）（　　　　）
　遊園地・外遊び

③  □

▼（　　　　）の中に読み方を書こう
（　　　　）（　　　　　）
　食器・器用

④  □

▼（　　　　）の中に読み方を書こう
（　　　　　）（　　　　）
　目標・標語

⑤  □

▼（　　　　）の中に読み方を書こう
（　　　　）　（　　　）
　根気・木の根

⑥  □

▼（　　　　）の中に読み方を書こう
（　　　　）（　　　　）
　真実・真っ白

ヒント　器・遊・真・県・根・標・豆

16

漢字バラバラ事件②

なまえ

年　　組

ひとつの漢字が、バラバラになっちゃった。もとはどんな漢字だったのかな？
□の中に正しい漢字を書いてね。わからなかったら、ヒントの中の漢字を
見て考えよう。

①  □

▼（　　　）の中に読み方を書こう
（　　　　　）　（　　　　　）
勉強・きん勉

②  □

▼（　　　）の中に読み方を書こう
（　　　　　　）（　　　　　）
望遠鏡・手鏡

③ 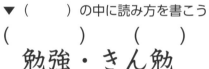 □

▼（　　　）の中に読み方を書こう
（　　　　　）（　　　）
種類・種まき

④  □

▼（　　　）の中に読み方を書こう
（　　　　　）（　　　　　）
宿題・題目

⑤  □

▼（　　　）の中に読み方を書こう
（　　　　　）（　　　）
持参・持ち物

⑥  □

▼（　　　）の中に読み方を書こう
（　　　　　）（　　　　　）
試験管・血管

ヒント　持・品・題・管・種・鏡・勉

17

2章	漢字バラバラ事件③
	なまえ 年　　組

ひとつの漢字が、バラバラになっちゃった。もとはどんな漢字だったのかな？
□の中に正しい漢字を書いてね。わからなかったら、ヒントの中の漢字を
見て考えよう。

①  □

▼（　　　）の中に読み方を書こう
（　　　）（　　　）
植物・田植え

②　戈甲 □

▼（　　　）の中に読み方を書こう
（　　　）（　　　）
戦争・決勝戦

③  □

▼（　　　）の中に読み方を書こう
（　　　）（　　　）
残念・残り勉強

④　欠求 □

▼（　　　）の中に読み方を書こう
（　　　）（　　　）
救急車・救い出す

⑤  □

▼（　　　）の中に読み方を書こう
（　　　）（　　　）
教育・子育て

⑥  □

▼（　　　）の中に読み方を書こう
（　　　）（　　　）
羊毛・子羊

ヒント　育・救・残・湯・羊・植・戦

18

漢字バラバラ事件④

なまえ

年　　組

ひとつの漢字が、バラバラになっちゃった。もとはどんな漢字だったのかな？
□の中に正しい漢字を書いてね。わからなかったら、ヒントの中の漢字を
見て考えよう。

①  □

▼（　　　）の中に読み方を書こう
（　　　　）（　　　）
深海・深情け

② □

▼（　　　）の中に読み方を書こう
（　　　　）（　　　）
議事・会議

③  □

▼（　　　）の中に読み方を書こう
（　　　　）（　　　）
短文・気短

④  □

▼（　　　）の中に読み方を書こう
（　　　　）（　　　　）
指導・親指

⑤  □

▼（　　　）の中に読み方を書こう
（　　）（　　　　）
湯飲み・銭湯

⑥ □

▼（　　　）の中に読み方を書こう
（　　　　）（　　　　）（　　　　）
建築・建立・建具

ヒント　農・指・深・短・建・湯・議

19

漢字バラバラ事件⑤

なまえ

年　組

ひとつの漢字が、バラバラになっちゃった。もとはどんな漢字だったのかな？
□の中に正しい漢字を書いてね。わからなかったら、ヒントの中の漢字を
見て考えよう。

①
 □

▼（　　　）の中に読み方を書こう
（　　　　　）（　　　　　）
案内・答案

②
 □

▼（　　　）の中に読み方を書こう
（　　　　　）（　　　　　）
校庭・中庭

③
 □

▼（　　　）の中に読み方を書こう
（　　　　　）（　　　　　）
塩分・塩味

④
 □

▼（　　　）の中に読み方を書こう
（　　　）（　　　）（　　　）
飲酒・あま酒・酒むし

⑤
 □

▼（　　　）の中に読み方を書こう
（　　　　　）（　　　　　）
荷物・負荷

⑥
 □

▼（　　　）の中に読み方を書こう
（　　　　　）（　　　　　）
満点・満ちる

ヒント　庭・案・宿・満・酒・塩・荷

漢字バラバラ事件⑥

なまえ

年　　組

ひとつの漢字が、バラバラになっちゃった。もとはどんな漢字だったのかな？
□の中に正しい漢字を書いてね。わからなかったら、ヒントの中の漢字を
見て考えよう。

① 　　　　　□

▼（　　　　）の中に読み方を書こう
（　　　　　）（　　　　　）
　客室・旅客

② 　　　　　□

▼（　　　　）の中に読み方を書こう
（　　　　　）（　　　　　）
　追加・追い風

③ 　　　　　□

▼（　　　　）の中に読み方を書こう
（　　　　　）　（　　　　　）
　安静・もの静か

④ 　　　　　□

▼（　　　　）の中に読み方を書こう
（　　　　　）（　　　　　）
　農家・農作物

⑤ 　　　　　□

▼（　　　　）の中に読み方を書こう
（　　　　　）（　　　　　）
　記録・録画

⑥ 　　　　　□

▼（　　　　）の中に読み方を書こう
（　　　　　）（　　　　）
　飲料水・飲みもの

ヒント　流・客・農・飲・追・静・録

21

漢字バラバラ事件⑦

なまえ

年　　組

ひとつの漢字が、バラバラになっちゃった。もとはどんな漢字だったのかな？
□の中に正しい漢字を書いてね。わからなかったら、ヒントの中の漢字を
見て考えよう。

①

▼（　　　）の中に読み方を書こう
（　　　　　）（　　　　　）
　　課題・放課後

②

▼（　　　）の中に読み方を書こう
（　　　　　　）（　　　　　　）
　　第一号・健康第一

③

▼（　　　）の中に読み方を書こう
（　　　　　）　（　　　）
　　中毒・気の毒

④

▼（　　　）の中に読み方を書こう
（　　　　　）（　　）
　　例文・例えば

⑤

▼（　　　）の中に読み方を書こう
（　　　　）（　　）
　　野菜・菜の花

⑥

▼（　　　）の中に読み方を書こう
（　　　）（　　）　（　　　　）
　　紅葉・葉っぱ・言葉

ヒント 説・例・葉・課・毒・第・菜

漢字バラバラ事件⑧

なまえ

年　　組

ひとつの漢字が、バラバラになっちゃった。もとはどんな漢字だったのかな？
□の中に正しい漢字を書いてね。わからなかったら、ヒントの中の漢字を
見て考えよう。

①

▼（　　　）の中に読み方を書こう
（　　　　　　）（　　　）
　大量・量る

②

▼（　　　）の中に読み方を書こう
（　　　　　　）（　　　）
　喜劇・大喜び

③

▼（　　　）の中に読み方を書こう
（　　　）（　　　）
　流行・流れ星

④
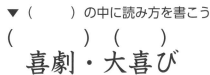

▼（　　　）の中に読み方を書こう
（　　　　　　）（　　　　　　）
　愛犬・親愛

⑤

▼（　　　）の中に読み方を書こう
（　　　　　　）（　　　）
　勇気・勇ましい

ヒント　流・宿・喜・勇・量・愛

漢字めいろ①

なまえ

年　　組

「何を買おうかな」〈ひと、にんべん〉の漢字の橋を通って、コンビニに買い物に行こう。〈ひと、にんべん〉のつかない漢字の橋は通れないよ。

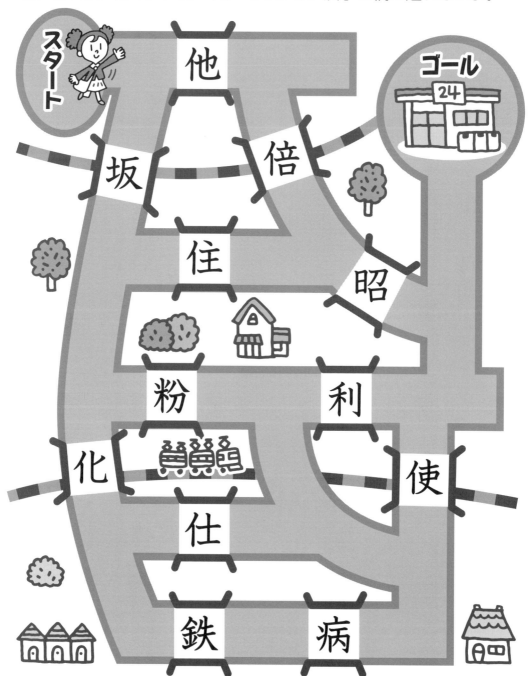

漢字めいろ②

なまえ

年　　組

3章

「いい天気！」〈さんずい〉の漢字を全部通って、公園まで犬を散歩させよう。
〈さんずい〉のつかない漢字のところは通れないよ。

漢字めいろ③

なまえ

年　　組

「観覧車に乗りたいな」〈きへん〉の漢字の道を通って、遊園地まで行こう。
〈きへん〉のつかない漢字のところは通れないよ。

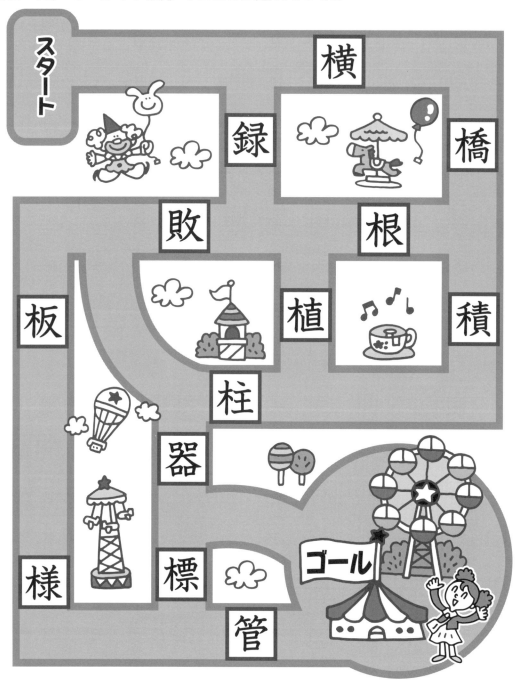

漢字めいろ④

3章

なまえ

年　　　組

「雨がふりはじめたよ」〈いとへん〉の漢字のある道を通って、駅までお父さんにかさをとどけに行こう。〈いとへん〉のつかない漢字のところは通れないよ。

スタート

ゴール

功

級

短

練

返

速

終

緑

次

庭

階

27

漢字めいろ⑤

なまえ

年　　組

「車に気をつけてね」〈うかんむり〉の漢字の道を通って、塾へ行こう。〈うかんむり〉のつかない漢字のところは通れないよ。

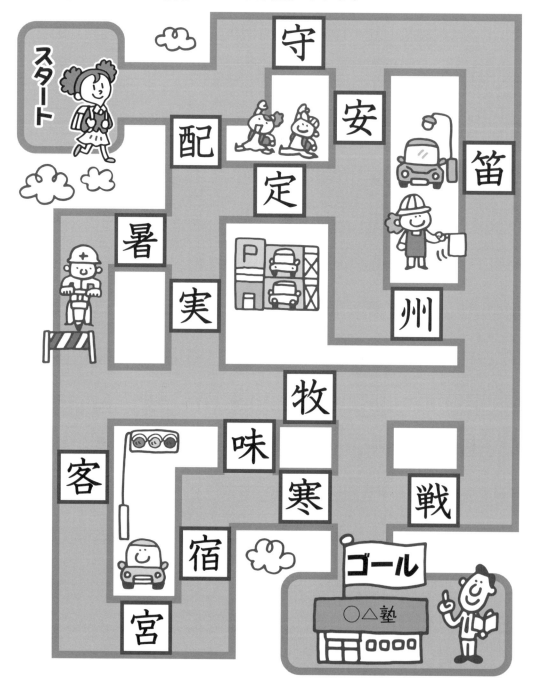

漢字めいろ⑥

なまえ

年　　組

「今日は何を借りようかな」〈てへん〉の漢字の道を通って、お兄さんと一緒にレンタルショップへ行こう。〈てへん〉のつかない漢字のところは通れないよ。

3章 漢字めいろ⑦

年　　組　なまえ

「こわい映画大好き!」〈こころ〉の漢字の道を通って、映画館に行こう。〈こころ〉のつかない漢字のところは通れないよ。

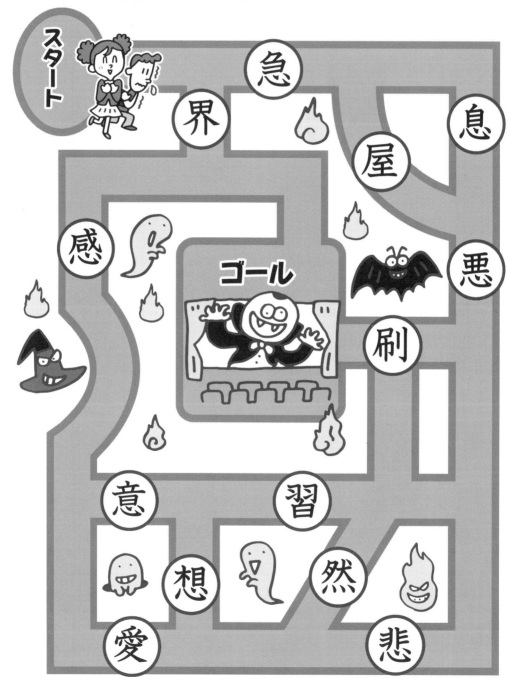

漢字めいろ⑧

なまえ

年　　　組

「今日はシュートを決めるぞ！」〈しんにょう、しんにゅう〉の漢字の道を通って、サッカーをしに行こう。〈しんにょう、しんにゅう〉のつかない漢字のところは通れないよ。

「ピアノの発表会があるの」〈くさかんむり〉の漢字の道を通って、洋服を買いに行こう。〈くさかんむり〉のつかない漢字のところは通れないよ。

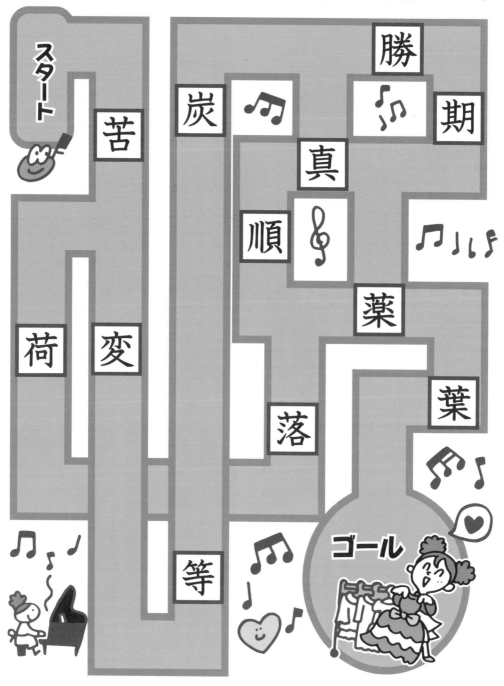

漢字めいろ⑩

なまえ

年　　　組

「おなかぺこぺこ」〈しめす、しめすへん〉の漢字の道を通って、ラーメンを食べに行こう。「しめす、しめすへん」のつかない漢字のところは通れないよ。

33

4章

四字熟語で
おぼえよう！

かくれんぼ漢字①

なまえ

年　　組

落ち葉でかくされた四字熟語の一部は3、4年生で勉強する漢字だよ。
かくれている漢字を□の中に書いてね。

① 和洋折衷

□

わ よう **せっ** ちゅう

意味 日本風のものと、西洋風のものをう
まく取り合わせてできあがったもの。

② 意味深長

□

い み しん ちょう

意味 表面に表れた意味の他に、別の意味
をもっていること。

③ 流言飛語

□

りゅう げん **ひ** ご

意味 口づてに伝わる、しょうこのないう
わさ。

④ 火上注油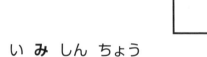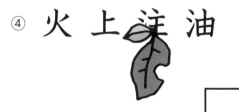

□

か じょう **ちゅう** ゆ

意味 悪いことを、さらに悪化させること。

4章　四字熟語で
おぼえよう！　　**かくれんぼ漢字②**

なまえ

年　　組

落ち葉でかくされた四字熟語の一部は3、4年生で勉強する漢字だよ。
かくれている漢字を□の中に書いてね。

① 運否天賦

　□

うん ぷ てん ぷ

意味 幸運と不運は天によって決められて
いるということ。人の力ではどうす
ることもできず、成り行きにまかせ
るしかない、という意味。

② 不　断　節

　□　□

ふ だん せっ き

意味 毎日節季（季節の終わり。年末のこと）
のつもりで、地道でまじめに商売を
していれば、また、借金をせず地道
に生活していれば、将来困ることは
ないということ。

③ 有無象

　□

う ぞう む ぞう

意味 数ばかり多くて、ちっとも役に立た
ない人たちの集まり。

意味をよーく
考えてね！

35

4章

四字熟語で
おぼえよう！

かくれんぼ漢字③

なまえ

年　　組

落ち葉でかくされた四字熟語の一部は3、4年生で勉強する漢字だよ。
かくれている漢字を□の中に書いてね。

①
天 下 第 一

てん か だい いち

意味 この世の中でもっともすぐれている
こと。だれにも負けないということ。

② 汚 名 返 上

お めい へん じょう

意味 前に失敗して失った名誉や評判を取
りもどすこと。

③
無 芸 大 食

む げい たい しょく

意味 技術、才能、特技などが何もなく、
ただたくさん食べるだけの人のこと。

④ 一 件 落 着

いっ けん らく ちゃく

意味 ひとつのものごとが一段落し、とり
あえずおちついたこと。

4章	四字熟語で おぼえよう！	かくれんぼ漢字④

年　組　　なまえ

落ち葉でかくされた四字熟語の一部は3、4年生で勉強する漢字だよ。
かくれている漢字を□の中に書いてね。

① 天 下 治 平

てん か ち へい

意味 世の中が、平和で落ち着いていること。

② 自 由 自 在

じ ゆう じ ざい

意味 自分の思うままにできること。思う
ぞんぶんにふるまう様子。

③ 国 利 民 福

こく り みん ぷく

意味 国に利益があることで、国民が幸せ
になること。

4章	四字熟語で おぼえよう!	あなうめクイズ①

なまえ

年　　　組

□の中に漢字を入れて四字熟語を完成させよう。「意味」と□の上にある読み方を参考に考えてね。

①
あ　く　せん　く　とう
[□] [□] [□] 鬪

意味 死にものぐるいで苦しみながら戦うこと、必死にがんばること。

練習問題 四角の漢字を使って文を完成させよう。

❶そんな（ わる ）いことをしたら、しかられるよ。

❷あの人、（ あくにん ）の顔をしてると思わないかい?

❸地球上から（ せんそう ）なんか、なくなればいいのに。

❹相手のほうからぼくに、（ たたか ）いをいどんできたんだってば。

❺このすいか、種が多いから食べるのに（ く ）労しちゃうよ。 ろう

❻このトレーナー、首のあなが小さくて（ くる ）しいよ。

使い方
もうすぐ夏休みが終わるのに、宿題がたくさん残っていたんだ。でも、あくせんくとうして、どうにか終わらせたよ。

②
い　しん　でん　しん
[□] 心 [□] 心

意味 何も言ったり書いたりしなくても、おたがいに心が通じ合うこと。

練習問題 四角の漢字を使って文を完成させよう。

❶田中君、山田さん。百点の人は（ いじょう ）です。

❷これが、昔から（ った ）えられてきた秘（ でん ）のスープか。

使い方
パパがコホンとせきばらいをしたら、ママがコーヒーをいれてきた。さすが夫婦はいしんでんしんだ。

四字熟語で
おぼえよう！

あなうめクイズ②

なまえ

年　　　組

□の中に漢字を入れて四字熟語を完成させよう。「意味」と□の上にある
読み方を参考に考えてね。

① 一 □ □ 水

いち　い　たい　すい

意味 おたがいの関係がとても近いこと。

使い方
ぼくとまりんちゃんは、いとこ同士であり、同じクラスでもある。
まさにいちいたいすいの関係だ。

練習問題 四角の漢字を使って文を完成させよう。

❶あの歌手の（　　　　　）装は、いつもとてもハデだ。

い

❷台風で、あの地域（　　　　　　）が、水びたしになった。

ちいき　いったい

❸ゆかたを着たら、（　　　　）をちゃんとしめなくちゃ。

き　おび

② 一 言 居 □

いち　げん　こ　じ

意味 何ごとにも首をつっこみ、自分の考えを言わ
ないと気のすまない人のこと。

使い方
お母さんは、ぼくのすることにいちいち口をはさむ。「お母さんって、
いちげんこじだよね」と言っても、ちっとも変わらないんだ。

練習問題 四角の漢字を使って文を完成させよう。

❶江戸時代の武（　　　　）は、とてもいばっていたらしい。

えどじだい　ぶ　し

4章	四字熟語で おぼえよう！	あなうめクイズ③

なまえ

年　　組

□の中に漢字を入れて四字熟語を完成させよう。「意味」と□の上にある読み方を参考に考えてね。

① 一　□　一　会
　（いち・ご・いち・え）

意味　一生に一度だけの出会いのこと。人との出会いは大切にすべきだということ。

練習問題　四角の漢字を使って文を完成させよう。

❶もう1（　　　　　がっき　　　　　）も終わりだなあ。あとは夏休みを待つだけだ。

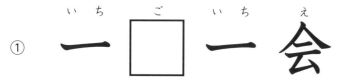

使い方

茶会の席に行ったら、お茶の先生が「お茶はいちごいちえの気持ちでいれることが大切なのです」と言っていた。つまり、心をこめるということだ。

② 一　部　□　□
　（いち・ぶ・し・じゅう）

意味　事の最初から終わりまで。細かいことがらのすべて。

練習問題　四角の漢字を使って文を完成させよう。

❶外が明るくなってきた。もうすぐ（　　しはつ　　）電車が走り出す。

❷おたがいにすごくおこってる。もうすぐ、口げんかが（　はじ　　）まりそうだ。

❸電車が（　しゅうてん　　）にとうちゃくした。

❹ええっ、もう食べ（　お　　）わったの？　すごい早食いだなぁ。

使い方

あの刑事は、その事件のいちぶしじゅうを知っている。

40

四字熟語で
おぼえよう！ **あなうめクイズ④**

なまえ

年　　　組

□の中に漢字を入れて四字熟語を完成させよう。「意味」と□の上にある
読み方を参考に考えてね。

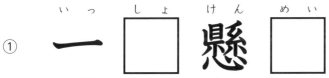

① 一 □ 懸 □

いっ　しょ　けん　めい

意味 命がけで必死に何かに取り組むこと。極めて
熱心なこと。

練習問題 四角の漢字を使って文を完成させよう。

❶ハガキがもどってきた。住（しょ　　　　　）がちがっていたらしい。

❷あの人は、ビルの四階から落ちたのに、一（めい　　　　　）をとりとめたら

しい。運がよかったんだね。

❸人の（いのち　　　　　）は、地球よりも重いっていうよね。

② 一 刀 □ 断

いっ　とう　りょう　だん

意味 ぐずぐずせずに、すばやく決断すること。結
論をズバリと言うこと。

練習問題 四角の漢字を使って文を完成させよう。

❶いくら寒いからって、（りょう　　　　　）手をポケットに入れてるとあぶないよ。

使い方

とび箱が苦手なのでいっしょけん
めいに練習したら、一週間で六
段がとべるようになったよ。

使い方

おこづかいの値上げをして欲しく
て手伝いをしていたら、お母さん
がやってきて、「値上げしないわよ」
といっとうりょうだん。ぼくは、がっ
くりと肩を落とした。

四字熟語で
おぼえよう！ **あなうめクイズ⑤**

なまえ

年　　組

□の中に漢字を入れて四字熟語を完成させよう。「意味」と□の上にある
読み方を参考に考えてね。

① えん まん ぐ そく
円 満 □ 足

意味 すべてのことが満ち足りていて、足りないも
のがないこと。またはそういう人のこと。世
の中が満ち足りておだやかなこと。

使い方
温泉から出て、ソファーでウトウ
トしていると、えんまんぐそくの
気分になるなあ。

練習問題 四角の漢字を使って文を完成させよう。

❶ 習字道（　　　　　）を家にわすれてきちゃった。

② かい こう いち ばん
□ 口 一 番

意味 口を開くと、すぐに言い始めること。

使い方
お父さんは帰ってくるとかいこう
いちばん、「宿題は終わってるか」
と言った。

練習問題 四角の漢字を使って文を完成させよう。

❶ まどを（　　　　　）けて、しんせんな空気をとり入れた。

❷ もうすぐ試合（　　　　　）始の時刻になるぞ。どっちが勝つかなぁ。

❸ ぼくは、心の中でじゅもんをとなえた。「（　　　　　）け、ゴマ！」

4章

四字熟語で
おぼえよう！ **あなうめクイズ⑥**

なまえ

年　　　組

□の中に漢字を入れて四字熟語を完成させよう。「意味」と□の上にある
読み方を参考に考えてね。

① 頑 □ 一 徹

（がん　こ　いっ　てつ）

意味 かたくなで、自分の考えや態度を変えずに
押し通すこと。また、そうした性格の人。

使い方

おじいちゃんはやさしい人だった
けど、仕事に関してはがんこいっ
てつな人で、いいかげんな仕事は
ぜったいにしなかった。

練習問題 四角の漢字を使って文を完成させよう。

❶水は液体だけど、（　　　　）まると、（　　　　）体になるぞ。

❷このおもち、さめたから（　　　　）くなっちゃったよ。

② □ □ □ □

（かん　ぜん　む　けつ）

意味 欠点や不足が全くなく、完ぺきであること。

使い方

あの人はかんぜんむけつだと言わ
れるけれど、泳ぎが苦手なのをぼ
くは知っている。

練習問題 四角の漢字を使って文を完成させよう。

❶東京スカイツリーの工作が、やっと（　　　　）成したぞ。

❷あぶないから、安（　　　　）第一でいこうよ。

❸ぜったい百点を取れなんて、そんなの（　　　　）理だよ。

❹固いおせんべいを食べたら、歯が（　　　　）けちゃったよ。

43

□の中に漢字を入れて四字熟語を完成させよう。「意味」と□の上にある読み方を参考に考えてね。

① 危 □ 一 髪

（き　き　いっ　ぱつ）

意味 非常に危ない瀬戸際のこと。あやういところで難を逃れること。

使い方
急におなかが痛くなって、ききいっぱつのところでトイレに飛びこんだ。

練習問題 四角の漢字を使って文を完成させよう。

❶手作業だと大変だけど、（　　　　　）械のおかげで、とてもはかどるよ。
（き）（かい）

② □ □ 回 生

（き　し　かい　せい）

意味 もうだめだという絶望的な状態から立て直し、一気に勢いを盛り返すこと。

使い方
試合終了1分前。きしかいせいのシュートが決まって、奇跡的な勝利を収めた。

練習問題 四角の漢字を使って文を完成させよう。

❶もう、（　　　　　）床時間は、とっくにすぎたよ。
（き）（しょう）

❷あらら、あの子、ころんじゃった。ぼくが（　　　　　）こしてきてあげよう。
（お）

❸よしなよ、（　　　　　）んだふりなんかするのは。
（し）

四字熟語で
おぼえよう!　**あなうめクイズ⑧**

なまえ

年　　　組

□の中に漢字を入れて四字熟語を完成させよう。「意味」と□の上にある
読み方を参考に考えてね。

①

き　　しょう　　てん　　けつ
起　承　□　□

意味 文章や話し方などの組み立て方のひとつ。

使い方
この本の四コママンガは、すべて
きしょうてんけつの構成になって
いる。

練習問題 四角の漢字を使って文を完成させよう。

❶このコマ、回（　てん　）があまりよくないから、すぐに止まっちゃう。

❷もうちょっとで追いぬけるぞ。そこだ。あっ、（　ころ　）んだ!

❸算数のテスト、20点だって?　まあ、そんなに（　けっ　）果にこだわるなよ。

❹荷物がくずれないように、ちゃんとロープを（　むす　）んでおいてくれよ。

②

ぎ　　しん　　あん　　き
疑　心　□　鬼

意味 一度あやしいと思うと、何を見てもあやしく
思え、疑ってかかるようになること。

使い方
おそば屋さんの庭をネコが歩いて
行った。もしかするとあのネコが
食べた煮干しの残りでおつゆのだ
しをとったのかもしれないと、ぎ
しんあんきになった。

練習問題 四角の漢字を使って文を完成させよう。

❶まちがえて（　あん　）室に入ったら、まっ（　くら　）だった。こわ

いよ〜!

4章

四字熟語で
おぼえよう！　**あなうめクイズ⑨**

なまえ

年　　組

□の中に漢字を入れて四字熟語を完成させよう。「意味」と□の上にある
読み方を参考に考えてね。

---

① 奇 □ 天 外
（き そう てん がい）

意味 ふつうの人ではとても思いつかないような、
きばつで変わった考え方や発想のこと。

練習問題 四角の漢字を使って文を完成させよう。

使い方
地球が太陽のまわりを回っている
というガリレオのきそうてんがい
な発想を、当時の人たちは笑って
バカにしたんだってさ。

❶まさか、あのチームが試合で勝つなんて、予（　　そう　　）もしていなかっ

たよ。

---

② □ 転 直 下
（きゅう てん ちょっ か）

意味 物事の様子や状況が急に変わって、解決・結
末に向かうこと。

練習問題 四角の漢字を使って文を完成させよう。

使い方
くつが行方不明になる事件が続い
た。犯人がなかなか見つからな
かったが、ある時、犬のジョンを
玄関に入れないようにしたら、そ
れきり事件は起きなくなった。きゅ
うてんちょっかの解決だ。

❶ああ、びっくりした。（　　きゅう　　）に、そんな大声を出さないでよ。

わかるかな？

46

4章

四字熟語で
おぼえよう！

あなうめクイズ⑩

なまえ

年　　組

□の中に漢字を入れて四字熟語を完成させよう。「意味」と□の上にある
読み方を参考に考えてね。

①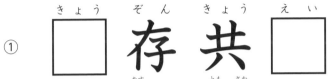

きょう　ぞん　きょう　えい

□ 存 共 □

意味 たがいに助け合って、共に栄えること。

使い方
アフリカのサバンナでは、多くの
動植物がきょうぞんきょうえいし
ている。

練習問題 四角の漢字を使って文を完成させよう。

❶コイン集めっていうのは、ぼくとお兄ちゃん（　　　）通のしゅみなんだ。

❷町内のコンビニが、二店ともつぶれたんだって。近すぎて、（　　　）

だおれしたんじゃないかな。

❸努力の先には（　　　）光が待っているからがんばれ！　って、塾の

先生ははげましてくれるんだ。

❹あのお店、開店したばかりなのに、ずいぶん（　　　）えてるなぁ。

②

さん　かん　し　おん

三 □ 四 □

意味 寒い日が三日ほど続いた後で、四日ほど暖か
い日が続くということ。このくり返しによっ
て春がやってくる

使い方
朝、教室に入ってくる友だちを見
ていると、日によってジャンパー
を着たり脱いだりしている。さん
かんしおんの今日このごろだ。春
が近いんだなぁ。

練習問題 四角の漢字を使って文を完成させよう。

❶どうりで（　　　）いと思ったら、大陸から（　　　）波がやってきたのか。

❷（　　　）泉に入った後は、体がいつまでもポカポカ（　　　）かい。

47

四字熟語で
おぼえよう！　どっちが正しい漢字かな①

なまえ

年　　　組

四字熟語で正しく漢字が使われているのはどっちかな？　正しいほうの□
に丸をつけてね。言葉の意味をよく考えるとわかるよ。

① **じきゅうじそく**

意味 生活に必要な物を自分で生産してまかなうこと。

□ 自久自足　　　　　□ 自給自足

練習問題 （　）に漢字を入れて文を完成させよう。

❶今日の（　　きゅう　　）食は、大人気のカレーだ。

② **じゅんぷうまんぱん**

意味 物事が何から何まで順調に進むこと。

□ 順風満帆　　　　　□ 純風満帆

練習問題 （　）に漢字を入れて文を完成させよう。

❶ちゃんと（　　じゅん　　）番を守ってならんでください。

③ **せんさばんべつ**

意味 多くのものが、それぞれにちがっていること。

□ 千差万別　　　　　□ 千左万別

練習問題 （　）に漢字を入れて文を完成させよう。

❶12対1で負けたって？　すごい大（　さ　）をつけられたもんだなぁ。

❷だいじょうぶだよ。（　べつ　）にちっとも気にしていないから。

四字熟語で
おぼえよう！　**どっちが正しい漢字かな②**

なまえ

年　　　組

四字熟語で正しく漢字が使われているのはどっちかな？　正しいほうの□
に丸をつけてね。言葉の意味をよく考えるとわかるよ。

① ぜんじんみとう

意味 今までにだれもたどり着いたことがないこと。だれもそこへ行ったことがない
こと。

□ 前人美到　　　　□ 前人未到

練習問題 （ ）に漢字を入れて文を完成させよう。

❶宿題が （　　み　　） 提出の人はすぐに持ってきなさい。

② ぜんだいみもん

意味 今までに聞いたこともないようなすごいこと。変わったこと。

□ 前代未聞　　　　□ 前台未聞

練習問題 （ ）に漢字を入れて文を完成させよう。

❶休んだお姉さんの （　だい　　） 理で給食を食べに来ただって？　ふざ

けてるのか、きみは！

③ そくせんそっけつ

意味 短い期間で、すみやかに決着をつけること。かたづけること。

□ 速戦即決　　　　□ 束戦即結

練習問題 （ ）に漢字を入れて文を完成させよう。

❶時速 120 キロも出したら、 （　そく　　） 度違反でつかまっちゃうよ。

❷まさか、ぼくのチームが （　けっ　　） 勝に進むなんて、思ってもみなかった。

4章

四字熟語で
おぼえよう！

どっちが正しい漢字かな③

なまえ

年　　組

四字熟語で正しく漢字が使われているのはどっちかな？　正しいほうの□
に丸をつけてね。言葉の意味をよく考えるとわかるよ。

① **そういくふう**

意味 手段や方法などを新しく考え出すこと。アイデア。ひらめき。

□ 創位工風　　　　□ 創意工夫

練習問題 （　）に漢字を入れて文を完成させよう。

❶アイスを食べながらダイエットをしたって、（　　い　　）味ないと思うんだ

けどなぁ。

❷お父さんとお母さんが（　　ふう　　）婦だったなんて、初めて知ったよ。

② **ちょうちょうはっし**

意味 話し合いなどでおたがいに自分の意見をゆずらず、はげしく言い合うこと。

□ 丁丁発止　　　　□ 兆兆八止

練習問題 （　）に漢字を入れて文を完成させよう。

❶ぼくの家の住所は、１（　　ちょう　　）目１番地だ。

❷お父さんから電話があって、12時（　　はつ　　）の電車で帰ってくるそうだ。

50

四字熟語で
おぼえよう！ **どっちが正しい漢字かな④**

年　　組　　なまえ

四字熟語で正しく漢字が使われているのはどっちかな？　正しいほうの□
に丸をつけてね。言葉の意味をよく考えるとわかるよ。

① てきざいてきしょ

意味 その人の持ち味を正しくみて、その才能にふさわしい仕事や役割、地位につけ
ること。

□ 適在適所　　　　□ 適材適所

練習問題 （ ）に漢字を入れて文を完成させよう。

❶こんな（　　ざい　　）料で、食事をつくれっていうのかい？　それは無理だよ。

② ちょとつもうしん

意味 ひとつのことに向かって、ただがむしゃらにつき進むこと。

□ 猪突猛信　　　　□ 猪突猛進

練習問題 （ ）に漢字を入れて文を完成させよう。

❶きみはまだ、片づけができないのかい？ （　　しん　　）歩がないなぁ。

❷ねえ、止まってないで、先に （　　すす　　）んでよ。

③ てんぺんちい

意味 自然界に起こる、さまざまな異変のこと。地震、大雨、雷、台風、津波などの
災害で、その規模は非常に大きい。

□ 天変地異　　　　□ 天辺地異

練習問題 （ ）に漢字を入れて文を完成させよう。

❶どうだ、受けてみろ。この （　　へん　　）化球サーブを！

51

四字熟語で正しく漢字が使われているのはどっちかな？　正しいほうの□に丸をつけてね。言葉の意味をよく考えるとわかるよ。

① **なんこうふらく**

意味 攻め落とすのがとても難しいこと。相手が自分の考えを変えず、なかなかこちらの思うようにならないこと。

□ 難攻不落　　　　□ 難攻夫楽

練習問題 （　）に漢字を入れて文を完成させよう。

❶風もないのに、かってに戸が開いた。実に（　　　　　）思議なできごとだ。

❷秋になると、（　　　　　）ち葉が道いっぱいに広がってきれいだ。

② **とくいまんめん**

意味 物事がうまくいって、満足しきっている気持ちが顔いっぱいに表れている様子。

□ 特異満免　　　　□ 得意満面

練習問題 （　）に漢字を入れて文を完成させよう。

❶鉄棒でお手本を見せたあの子は、見るからに（　　　　　）意そうだ。

❷お父さんが、かべに頭をぶつけて、一時（　　　　）識を失ったらしい。

❸お母さんのいなかでは、きつねのお（　　　）をかぶっておどるお祭りがあるらしい。

③ **にそくさんもん**

意味 数はたくさんあっても、非常に安い値段しかつかないこと。

□ 二足三文　　　　□ 二束三文

練習問題 （　）に漢字を入れて文を完成させよう。

❶そこにある、新聞紙の（　　　　　）を取ってちょうだい。

四字熟語で
おぼえよう！　　**どっちが正しい漢字かな⑥**

なまえ

年　　　組

四字熟語で正しく漢字が使われているのはどっちかな？　正しいほうの□
に丸をつけてね。言葉の意味をよく考えるとわかるよ。

① はんしんはんぎ

意味 なかば信用し、なかば疑ってかかること。信用しきれない状態。

□ 半信半疑　　　　□ 半身半疑

練習問題 （　）に漢字を入れて文を完成させよう。

❶あのおじいさん、今年で 135 歳だなんて、そんなこと（　　しん　　）じら

れないよ。

② ほんまつてんとう

意味 大切なことを後回しにして、どうでもいいことに気を取られること。

□ 本末転倒　　　　□ 本松転倒

練習問題 （　）に漢字を入れて文を完成させよう。

❶おじいさんはよく、「こんな歌がはやるようでは世も（　すえ　）だ」と言っ

て、なげいている。

③ ゆうめいむじつ

意味 名前ばかりがりっぱで、中身がそれにともなっていないこと。

□ 勇名無実　　　　□ 有名無実

練習問題 （　）に漢字を入れて文を完成させよう。

❶となり町の商店街に、だれか（　ゆう　）名人が来るらしいよ。

53

四字熟語で おぼえよう！ **どっちが正しい漢字かな⑦**

なまえ

年　　組

四字熟語で正しく漢字が使われているのはどっちかな？　正しいほうの□に丸をつけてね。言葉の意味をよく考えるとわかるよ。

① **ゆだんたいてき**

意味 気持ちがゆるんだ状態で何かをしようとすると、それが失敗のもととなること。

□ 油断大敵　　　　□ 湯断大敵

練習問題 （　）に漢字を入れて文を完成させよう。

❶このごろ、灯（ゆ　　　）のねだんが上がったと、お母さんがなげいていた。

② **よういしゅうとう**

意味 細かいところにまで十分に気を配り、手ぬかりなく、しっかりと準備のしてあること。

□ 用意週到　　　　□ 用意周到

練習問題 （　）に漢字を入れて文を完成させよう。

❶あのスケート選手、ちっともペースが上がらない。もうすぐ２（しゅう　　　）

おくれになっちゃいそうだ。がんばれ〜！

③ **ろうにゃくなんにょ**

意味 年老いた人も、若い人も、男の人も、女の人もみんなということ。

□ 老若男女　　　　□ 労若男女

練習問題 （　）に漢字を入れて文を完成させよう。

❶おじいちゃんに（ろう　　　）人会のさそいがきたら、「わしゃまだ、若い

んじゃ！」とことわっていた。

5章	ことわざで おぼえよう!	あなうめクイズ①
		なまえ
	年　　組	

□の中に漢字を入れてことわざを完成させよう。「意味」と□の上の読み
方を参考にして考えてね。

① のど元過ぎれば　[あつ]　さを忘れる

意味 あついものを食べても、のど元を通り過ぎてしまえば、そのあつさも忘れてしまう。
そこから、どんなにつらく苦しいことでも、時間が経てば忘れてしまうものだという
こと。

② 腹八分目に　[い]　者いらず

意味 物事は何でもほどほどにしておくほうがよい、ということ。

③ [な]　き面に蜂

意味 悪いことの上に、さらに悪いことが重なること。

④ 目くそ　[はな]　くそを　[わら]　う

意味 自分の欠点をたなに上げて、人の欠点をあざ笑うおろか者のこと。

⑤ [とう]　ふにかすがい

意味 何をしても、まったく効果がなく、手ごたえもないことのたとえ。いくら意見をして
もちっともきき目がない時によく使う。

5章 ことわざで おぼえよう！ **あなうめクイズ②**

なまえ

年　　組

□の中に漢字を入れてことわざを完成させよう。「意味」と□の上の読み方を参考にして考えてね。

① その手は桑名の〔 や 〕きはまぐり

[意味] うまいことを言われても、相手の作戦に引っかからないこと。

② 火中の栗を〔 ひろ 〕う

[意味] 人のために、あえて危険なことをすること。勇気を出して、自分から危険な場に飛びこんでいくこと。

③ 〔 す 〕めば〔 みやこ 〕

[意味] 不便でさびしいようなところでも、すんでしまえばみやこと同じようにすみやすくなり、離れられなくなるものだ、ということ。

④ 〔 とう 〕台もと暗し

[意味] 身近なことには、あんがい気がつきにくいものだ、ということ。

⑤ 天井から目〔 ぐすり 〕

[意味] まわりくどくてちっとも効果がないこと。

56

□の中に漢字を入れてことわざを完成させよう。「意味」と□の上の読み
方を参考にして考えてね。

① た　い　　が　ん　　　　　じ
□ □ の火 □

意味 川の向こうぎしで起きているかじのように、自分には関係のない出来事のこと。

② 笑う門には ふ　く □ 来たる

意味 明るく笑いの絶えないような家庭には、好運がめぐってくるということ。

③ 一難 さ □ ってまた一難

意味 一つの災難を切りぬけたと思ったら、すぐにまた次の災難がやってくること。

④ 六月無 れ　い □

意味 暑くてたまらない季節は、服装が多少乱れても、ぶれいにはあたらないということ。

⑤ 百害あって一 り □ なし

意味 害ばかりたくさんあって、りえきになるものが全くないこと。

57

□の中に漢字を入れてことわざを完成させよう。「意味」と□の上の読み方を参考にして考えてね。

① 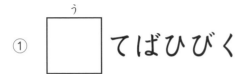 打てばひびく

意味 何かをはたらきかければ、すぐに反応すること。

② 親しき 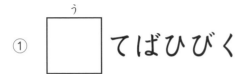 にも礼儀あり

意味 いくらなかがよいあいだがらでも、礼儀をわすれてはいけない、ということ。

③ 袖すり合うも 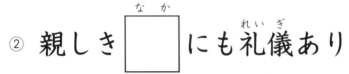 生の縁

意味 道で見知らぬ人同士のそでが、ちょっとふれ合うような小さなことでも、それはぐうぜんではなく、生まれる前から決まっていためぐり合わせだということ。

④ 売り言 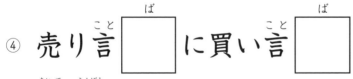 に買い言 葉

意味 相手が乱暴な言い方をしてきたら、こっちも同じように返すこと。

⑤ 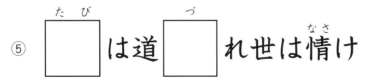 は道 連れ世は情け

意味 世の中を生きていくには、たがいに助け合うことが大切だということ。

5章 ことわざで おぼえよう！ **どっちが正しい漢字かな①**

なまえ

年　　組

ひらがなで書かれたことわざを漢字まじりで書くと、正しい漢字を使っているのはどっちかな？　正しいほうの□に丸をつけてね。

① **てきにしおをおくる**

□ 敵に汐を贈る　　　□ 敵に塩を送る

意味 相手の弱みにつけこまず、反対に助けてあげること。

② **ちりもつもればやまとなる**

□ ちりも積もれば山となる

□ ちりも詰もれば山となる

意味 ちりのようにわずかなものでも、つもりつもれば山のように、とても大きなものになる、ということ。

③ **せいしんいっとうなにごとかならざらん**

□ 精神一到何事か成らざらん

□ 精心一到何事か鳴らざらん

意味 集中して行えば、できないことはない。

④ **ならうよりなれろ**

□ 学うより慣れろ　　□ 習うより慣れろ

意味 人から教えてもらうより、自分の体でおぼえたほうが早く、そしてしっかりと身につけることができる。

59

5章 | ことわざで おぼえよう! | **どっちが正しい漢字かな②**

なまえ
年　　組

　ひらがなで書かれたことわざを漢字まじりで書くと、正しい漢字を使っているのはどっちかな？　正しいほうの□に丸をつけてね。

① **しっぱいはせいこうのもと**

　□ 失敗は成功のもと

　□ 叱配は成功のもと

　意味 人はしっぱいするとその原因を考え、同じしっぱいをしないようにと考えるようになるので、いつかは成功するものだ、ということ。

② **とらぬたぬきのかわざんよう**

　□ 取らぬたぬきの川算用

　□ 取らぬたぬきの皮算用

　意味 まだ手に入れていないものをあてにして、そのもうけを計算したり、あれこれと計画を立てること。

③ **ありもぐんぜい**

　□ ありも軍勢　　　□ ありも群勢

　意味 ありのような小さく、力の弱いものでも、たくさん集まれば大きな力を発揮するということ。

④ **うおのきにのぼるがごとし**

　□ 魚の木に登るがごとし

　□ 魚の木に上るがごとし

　意味 とうてい無理なこと。

60

5章

ことわざで
おぼえよう！ どっちが正しい漢字かな③

なまえ

年　　組

　ひらがなで書かれたことわざを漢字まじりで書くと、正しい漢字を使っているのはどっちかな？　正しいほうの□に丸をつけてね。

① いしばしをたたいてわたる

□ 石橋を叩いて渡る

□ 石端を叩いて渡る

意味 かたい石のはしでも、こわれないかとたたいて確かめながら渡るような、非常に用心深いこと。

② ねるこはそだつ

□ 寝る子は育つ　　　□ 寝る子は卒つ

意味 よく寝る子は、じょうぶにそだつものだ。

③ きいてごくらくみてじごく

□ 聞いて極楽 見て地獄

□ 聞いて曲楽 見て地獄

意味 人から話を聞いている時はとてもよいことのように思えるが、実際にその場に出くわすと、ひどいものだった。

④ しちゅうにかつをもとめる

□ 死中に活を球める

□ 死中に活を求める

意味 助かる方法がないような時でも、生きのびる方法を探しもとめること、また、あえて危険な手段を使って、ピンチを打ちやぶろうとすること。

61

ひらがなで書かれたことわざを漢字まじりで書くと、正しい漢字を使っているのはどっちかな？　正しいほうの□に丸をつけてね。

① **かぶをまもりてうさぎをまつ**

□ 株を守りて兎を待つ

□ 株を護りて兎を待つ

> 意味 古い習慣にこだわって、新しいことに取り組もうとしないこと。前に成功した体験にこだわって、同じ方法ばかりに頼ること。

② **まわたにはりをつつむ**

□ 真綿に針を包む　　□ 真綿に針を筒む

> 意味 見た目はやさしそうだけど、心の中ではおそろしい考えをしていることのたとえ。

③ **いそうろうさんばいめにはそっとだし**

□ 居候 三杯目にはそっと出し

□ 居早 三杯目にはそっと出し

> 意味 お世話になっている人には、何ごともえんりょしてしまうものだ。

④ **おかにあがったかっぱ**

□ 陸に上がった河童

□ 丘に上がった河童

> 意味 自分が得意な能力を発揮できないところに行き、何もできないでいること。

5章	ことわざで おぼえよう！	どっちが正しい漢字かな⑤
		なまえ
	年　　組	

　ひらがなで書かれたことわざを漢字まじりで書くと、正しい漢字を使っているのはどっちかな？　正しいほうの□に丸をつけてね。

① **あてごとはむこうからはずれる**

□ 当てごとは向こうからはずれる

□ 当てごとは無こうからはずれる

> **意味** こうなったらいいなと当てにしているものは、なかなか思い通りにいかないものだ。

② **はたけにはまぐり**

□ 畠にはまぐり　　　□ 畑にはまぐり

> **意味** 見当ちがいなことをすることのたとえ。

③ **みのるほどこうべをたれるいなほかな**

□ 実るほど頭を垂れる稲穂かな

□ 身のるほど頭を垂れる稲穂かな

> **意味** りっぱな人ほど礼儀正しく、けっしていばったりしないということ。

④ **てつはあついうちにうて**

□ 鉄は熱いうちに打て

□ 鉄は暑いうちに打て

> **意味** 人間は若いうちに、十分にきたえなければいけないということ。また、情熱があるうちに実行に移さないといけないということ。

63

ことわざで
おぼえよう！

かくれんぼ漢字①

5章

なまえ

年　　組

ことわざが書いてある紙の上にコーヒーをこぼしてしまったよ。しみの下には、どんな漢字が書かれていたのかな？　意味を参考にしてかくれている漢字を□の中に書いてね。

①  漁夫の利

□

ぎょ ふ の り

意味 争いが起こったすきに、横から出てきた別の人（第三者）が得をしてしまうこと。

② 案ずるより

産むが易し

□

あん ずる より うむ が やすし

意味 できるかどうかを心配してしまうが、やってみると案外できるもので、やる前から心配する必要はないということ。

③ 塗炭の苦しみ

□

とたん の くるしみ

意味 まるで泥や火の中にいるような、大変な苦しみのこと。

④ 梅にうぐいす

□

うめ に うぐいす

意味 二つのものがちょうどいい感じで、よく似合っているということ。

5章 ことわざで おぼえよう！ かくれんぼ漢字②

年　組
なまえ

ことわざが書いてある紙の上にコーヒーをこぼしてしまったよ。しみの下には、どんな漢字が書かれていたのかな？　意味を参考にしてかくれている漢字を□の中に書いてね。

① 風雲急を告げる

□

ふう うん きゅう を つ げる
意味 今すぐにでも、大変なことが起きそうな状態のこと。

② 弘法筆を選ばず

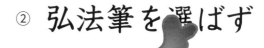

□

こう ぼう ふで を えら ばず
意味 その道にすぐれた人は、道具の良し悪しを問題にしないということ。

③ 氏より育ち

□

うじ より そだ ち
意味 どんな家で生まれたかよりも、育てられ方のほうが、その人の成長に大きく影響するということ。

④ 老馬の智

□

ろう ば の ち
意味 経験を積んだ人は知識があるので、やり方をまちがえないということ。

65

ことわざで
おぼえよう！
かくれんぼ漢字③

なまえ

年　　組

ことわざが書いてある紙の上にコーヒーをこぼしてしまったよ。しみの下には、どんな漢字が書かれていたのかな？　意味を参考にしてかくれている漢字を□の中に書いてね。

① 徒花に実はならず

あだ ばな に み は ならず

意味 思いつきのような着実でない計画では、良い結果は出ないということ。

② 薄氷を踏むが
　　ごとし

はく ひょう を ふむ が ごとし

意味 薄いこおりの上に乗るように、とてもあぶなっかしいこと。危険なことにのぞむということ。

③ 毒を食らわば
　　皿まで

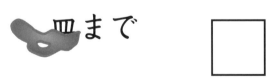

どく を くらわば **さら** まで

意味 一度やり始めたら、どんなに悪い結果が出ても、てってい的にやり通そうということのたとえ。

④ 春眠暁を覚えず

しゅん みん あかつき を **おぼえず**

意味 春の夜は気持ちがよくて、夜明けになったことも気づかず眠りこんでしまい、なかなか目がさめないということ。

ことわざで
おぼえよう！ **かくれんぼ漢字④**

なまえ

年　　組

ことわざが書いてある紙の上にコーヒーをこぼしてしまったよ。しみの下には、どんな漢字が書かれていたのかな？　意味を参考にしてかくれている漢字を□の中に書いてね。

①  席の暖まる

暇もない

□

せき の あたたまる いとまもない
意味 ゆっくり席に座るひまがないほどいそがしいということ。

②  兎の上り坂

□

うさぎ の のぼりざか
意味 うさぎは後足が長く、さかをのぼることがじょうずなところから、持ち前の力を発揮することができて、物事が早く進むたとえ。

③ 波に千鳥

□

なみ に ちどり
意味 絵になるような、ぴったりの組み合わせのこと。

④ 昨日は人の身

今日は我が身

□

きのうはひとのみ きょうはわがみ
意味 災難なんて人のことだと思っていたのに、決して人ごとではなく、自分も同じように災難にあうということ。

5章	ことわざで おぼえよう！	かくれんぼ漢字⑤

なまえ

年　　　組

ことわざが書いてある紙の上にコーヒーをこぼしてしまったよ。しみの下には、どんな漢字が書かれていたのかな？　意味を参考にしてかくれている漢字を□の中に書いてね。

① 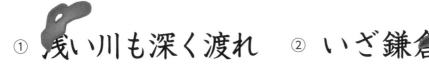 浅い川も深く渡れ

□

あさ い かわ も ふかく わたれ

意味 あさい川でも油断せず、深い川とおなじようにしんちょうに渡れということ。

② いざ 鎌倉

□

いざ かまくら

意味 一大事が起こった時に、「さあ、行くぞ」という気持ちを表した言葉。

③ ごまめの歯ぎしり

□

ごまめ の は ぎしり

意味 実力の足りないものが、プンプン腹を立てること。大したことはない、という意味。

④ 生兵法は
ケガのもと

□

なま びょう ほう は けが の もと

意味 ちょっと学んだくらいの、中途はんぱな知識や技にたよって、軽々しく行動すると、大失敗するということ。

5章

ことわざで
おぼえよう!

かくれんぼ漢字⑥

なまえ

年　　組

ことわざが書いてある紙の上にコーヒーをこぼしてしまったよ。しみの下には、どんな漢字が書かれていたのかな?　意味を参考にしてかくれている漢字を□の中に書いてね。

① 百日の説法
屁ひとつ　　　□

ひゃく にち の **せっぽう** へ ひとつ

意味 長い間の苦労が、ちょっとしたことで、あっという間にむだになってしまうこと。

② わら千本あっても
柱にはならぬ　　　□

わら せん ぼん あっても
はしら にはならぬ

意味 わらのように、やわらかいものがたくさん集まっても、たいした役には立たないということ。

③ 児孫のために
美田を買わず　　　□

しそんのためにびでんをかわず

意味 しそんのために財産を残すと、そのしそんはなまけるようになり、かえってためにならないから残さないということ。

④ 二階から目薬　　　□

に かい から め ぐすり

意味 思うようにならず、まどろっこしいこと。

69

6章	慣用句で おぼえよう!	（　）の中に漢字を入れよう①

年　　組　　なまえ

（　）の中にはどんな漢字が入るのかな？　意味とヒントの漢字を参考にして、当てはまる漢字を書いてね。

① 火の（き　）えたよう

意味 にぎやかだったのが一段落し、急に活気がなくなってさびしくなる様子。

② 小手（しら　）べ

意味 物事をしっかり始める前に、ちょっと試してみること。

③ ものは（そう　）（だん　）

意味 「これは無理かも」と思うようなことでも、人にそうだんしてみると、案外と名案が浮かぶものだということ。

④ 気が（おも　）い

意味 そのことを考えると、いやな気持ちになること。

ヒント　調　相　重　談　消

70

（　　）の中にはどんな漢字が入るのかな？　意味とヒントの漢字を参考にして、当てはまる漢字を書いてね。

① 　（　せき　）の山

意味 できることの限界。せいいっぱいのところ。

② 目鼻が（　つ　）く

意味 物事のだいたいのところが決まる。だいたいの見通しが立つこと。

③ （　かた　）にはまる

意味 決まりきったやり方や形式どおりのもので、自分らしさやアイデアがない。

④ 目は心の（　かがみ　）

意味 目はその人の心の中を映し出すかがみだということ。目を見れば、その人が何を考え、何を思っているかがわかるということ。

ヒント　鏡　関　型　付

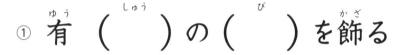（　）の中にはどんな漢字が入るのかな？　意味とヒントの漢字を参考
にして、当てはまる漢字を書いてね。

① 有（　　）の（　　）を飾る

意味 最後までしっかりやりとげて、りっぱな実績を残すこと。

② 虎を野に（　　）つ

意味 乱暴者や、すごい力を発揮できるものを自由にさせておくこと。また、あとになって
大きな災いをもたらすような危険なものを、のばなしにしておくことのたとえ。

③ 腰が（　　）い

意味 他人に対してもていねいな態度をとる。にこにこしていて、あいそうがいい。

④ 猫の手も（　　）りたい

意味 あまりにいそがしくて、だれでもいい、どんなものでもいいから、手伝ってほしいと
いう気持ち。

ヒント　放　美　低　終　借

慣用句で おぼえよう! （　）の中に漢字を入れよう④

年　　組　　なまえ

（　　）の中にはどんな漢字が入るのかな？　意味とヒントの漢字を参考にして、当てはまる漢字を書いてね。

① （　み　）を粉にする

意味 大変な苦労をしてはたらくこと。自分のからだをこなごなに細かくくだくようにしてまで、一心にはたらくということ。

② （　いた　）に付く

意味 経験をたくさん積んで、動作や態度がその人の地位・職業などにしっくり合っていること。

③ （　そこ　）をつく

意味 ためてあったものが、すっかりなくなってしまうこと。

④ 蜂の（　す　）をつついたよう

意味 大騒ぎになって、どうにもおさまらない様子。

ヒント 身　巣　板　底

問題の慣用句をよくみると、ヘンな漢字がまざっているよ。まちがっている漢字を見つけて、□の中に正しい漢字を書いてね。

① 右に出る者はいない

意味 その人よりもすぐれた人が、だれもいないこと。

② いぶし銀

意味 見た目のはなやかさはないけれど、本当の実力や魅力があること。

③ 脈がある

意味 見こみがある。希望がもてる。可能性がある。

④ 好い顔をしない

意味 めいわく顔をする。賛成しない。

⑤ 頭を冷やす

意味 興奮した気持ちをおさえる。気持ちを落ち着ける。れいせいになる。

⑥ 異を唱える

意味 反対の意見を言うこと。ちがう考えをのべること。

⑦ 秒読みに入る

意味 ものごとの開始時間がせまっていること。

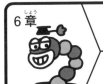

6章

慣用句で
おぼえよう！

おかしな漢字②

なまえ

年　　　組

問題の慣用句をよくみると、ヘンな漢字がまざっているよ。まちがっている漢字を見つけて、□の中に正しい漢字を書いてね。

① 商いは牛のよだれ

□

意味 しょうばいは、牛のよだれが切れ目なく長くたれるように、気長にかまえ、努力を続けなさいということ。

② 一札入れる

□

意味 約束やあやまる気持ちなどを表す文書を書いて、相手に差し出すこと。

③ 朝飯前

□

意味 とても簡単だということ。あっさり、かたづけられること。

④ 笋が出る

□

意味 ようやく幸運がめぐってきて、成功するかもしれないという希望が出てくること。

⑤ 手に取るようにわかる

□

意味 すぐ近くにあるように、はっきり見えたり聞こえたりすること。相手の反応がよくわかること。

⑥ 真に愛ける

□

意味 相手の言ったことを、言葉どおりにそのままうけ取ること。

6章 慣用句で おぼえよう！ （　）に入る漢字は何かな①

なまえ

年　　組

（　）の中に漢字を入れて慣用句を完成させたら、意味を右の㋐〜㋔の中から選んでね。使い方がヒントだよ。

① 下にも（　お　）かない

使い方
久しぶりに京都のおばさんの家に遊びに行ったら、『下にもおかない』おもてなしを受けたよ。

㋐ きげんが悪くなって、言うことも聞かなくなる。また、気に入らないことがあってわざと意地悪すること。

② （　わ　）をかける

使い方
この子ったら、お父さんに『わをかけた』大食いだねえ。もう、どんぶり五杯目よ。

㋑ 一つのことから、関係したことが次々と出てくる。また、明らかになること。

③ へそを（　ま　）げる

使い方
おいおい、給食のおかずが気に入らないって、そんなことで『へそをまげる』なよ。ちっちゃい子じゃないんだから。

㋒ とてもていねいにあつかうこと。ていねいなもてなしのこと。

④ いもづる（　しき　）

使い方
ろうかを走ったのはだれかを調べていたら、一人の男子が手をあげた。するとその後から、ずるずると『いもづるしき』に手があがった。

㋓ 程度を今以上にもっとはげしくすること。

⑤ 一（　どう　）に会する

使い方
世界中の国の代表者が、ぼくの家で『一どうに会した』なーんてことはありえない。

㋔ たくさんの人たちや集団などが同じ場所に集まること。

なまえ

年　　組

（　　）の中に漢字を入れて慣用句を完成させたら、意味を右の㋐〜㋔の中から選んでね。使い方がヒントだよ。

① 一（　　）揚げる

使い方
あのお笑い芸人は、東京で『ひとはた揚げる』と言って、昨日上京してきた。

㋐ 会社などを始めて、成功する。成功を目指して新しい仕事を始める。

② 骨を（　　）る

使い方
お父さんは、おじさんのバイト探しに『骨をおって』いる。

㋑ いまさらやっても、手おくれでむだなこと。

③ （　　）げ句の果て

使い方
あの子は人の家に来て、出されたお菓子を全部食べ、『あげ句の果て』には勝手に冷蔵庫を開けて、妹のプリンまで食べて帰った。

㋒ 事件が起こり、犯人がわからないまま捜査が打ち切りとなること。

④ 迷（　　）入り

使い方
ぼくのシュークリームを食べちゃったのはいったいだれなのか、ついにわからないまま、『めいきゅう入り』となってしまうのか。

㋓ 最後の最後には。とどのつまり。結果的には。

⑤ 後の（　　）り

使い方
今からコンクールに出す絵を書き始めるだって？もうコンクールは終わっちゃったんだから、『後のまつり』だよ。

㋔ 苦労すること。全力をつくすこと。いやがらないで人の世話をすること。

77

（　　　）の中に漢字を入れて慣用句を完成させたら、意味を右の㋐〜㋔の中から選んでね。使い方がヒントだよ。

① 茶飲み友（　　　）

使い方
わたしたちは、年をとってもずっと『ちゃのみともだち』でいましょうね。

㋐　はげしく争うこと。

② 虫も（　　　）さない

使い方
あの犯人、『虫もころさない』ような顔をしていて、凶悪犯なんだってよ。

㋑　性格がおだやかで、おとなしい様子。

③ 火花を（　　　）らす

使い方
学級委員の選挙に向けて、けんすけ君とたつや君は、もう何日も前から『火花をちらして』いる。

㋒　お茶などを飲みながら、世間話をする親しい友達のこと。

④ 頭から水を（　　）びたよう

使い方
天井からいきなりミイラが落ちてきて、『頭から水をあびたよう』になった。いくら、お化け屋敷だからといっても、こわすぎる！

㋓　突然のできごとに、驚き、恐怖を感じてぞっとする様子。

7章

動物の話でおぼえよう①

なまえ

年　　組

（　）の中には、どんな漢字が入るかな？　文章をよく読んで、当てはまる漢字をヒントの中から選んで書き入れてね。

① 顔の中（　　おう　　）部に白い筋が入っているのは、ハクビシンだよ。

② ネコ（　えき　）長として有名なのは貴志駅の「たま」だ。

③ 見てると、ホッと（　あん　）心できる動物は、わたしの場合、ハムスターかな？

④ ハリネズミはよく注（　い　）してだっこしないと、痛い目にあうぞ。

⑤ ラクダの背中に（　の　）って、さばくを旅したいなぁ。

ヒント　乗　央　安　意　駅

79

7章 動物の話でおぼえよう②

なまえ

年　　組

（　）の中には、どんな漢字が入るかな？　文章をよく読んで、当てはまる漢字をヒントの中から選んで書き入れてね。

① 冷蔵（　こ　）の中から、ペンギンが現れた……、なーんてね。

② プロ野（　きゅう　）チームには、ホーク〈タカ〉、タイガー〈トラ〉、イーグル〈わし〉など、動物の名前のついたチームが多いね。

③ ペットのリスがいなくなったと思ったら、いつも（　つか　）っているバッグの中に入ってた。

④ あのきれいな（　みどり　）色をした鳥は、メジロだよ。

⑤ こんな（　あつ　）い日は、セミたちがいっせいに鳴き出す。

ヒント　庫　暑　緑　使　球

80

動物の話でおぼえよう③

なまえ

年　　組

（　）の中には、どんな漢字が入るかな？　文章をよく読んで、当てはまる漢字をヒントの中から選んで書き入れてね。

① 遠い（　昔　）、このあたりにティラノサウルス
が住んでいた……って、ホントかな。

② （　昭　）和時代の初めごろには、街のあちこち
に野良犬や野良ネコがたくさんいたらしい。

③ ライオンは、たいてい家（　族　）で行動する
らしいよ。

④ こんな近くでキリンの（　写　）真をとると、
首がつかれるな。

⑤ 飼育（　委　）員になると、毎日、うさぎの世
話をしなくちゃならないんだ。

ヒント　委　昔　昭　写　族

7章

動物の話でおぼえよう④

なまえ

年　　組

（　）の中には、どんな漢字が入るかな？　文章をよく読んで、当てはまる漢字をヒントの中から選んで書き入れてね。

① うちのサルがいたずらをしてしまって、（　もう　）しわけありませんでした。

② カンガルーのお母さんは、おなかの袋で赤ちゃんを（　そだ　）てるんだよ。

③ サルの社会には階（　きゅう　）があって、ボスザルがいばっているらしい。

④ 警視庁には「生きもの（　がかり　）」があって、レッサーパンダなんかも保護しているんだってさ。これ、ホントだよ。

⑤ 「アメンボ」を（　かん　）字で書けるかい？「水馬」って書くんだ。

ヒント　漢　育　申　級　係

82

なまえ

年　　組

（　　）の中には、どんな漢字が入るかな？　文章をよく読んで、当てはまる漢字をヒントの中から選んで書き入れてね。

① この長い（　し　）を、うちの九官鳥はすべて暗唱できるんだ。ぼくはまだおぼえられないのに。

② ドアを開けると、そこはアルパカの（　へ　）屋だった。

③ この本の第1（　しょう　）には、ワニなど、は虫類の話が書かれている。

④ この手（　ちょう　）って、実はヤギのおやつになるのさ。1ページずつ破いてね。

⑤ ぼくはどうしても、ヒョウとピューマの（　く　）別がつかないんだ。

ヒント　部　区　帳　詩　章

83

動物の話でおぼえよう⑥

なまえ

年　　　組

（　）の中には、どんな漢字が入るかな？　文章をよく読んで、当てはまる漢字をヒントの中から選んで書き入れてね。

① ツシマヤマネコは、九（　しゅう　）の長崎県津島だけに生息しているらしい。

② 東京の（　みなと　）区には、「ネコカフェ」「ふくろうカフェ」「小鳥カフェ」などのカフェがあるんだ。

③ 新潟県の瓢湖という（　みずうみ　）には、冬になるとたくさんの白鳥がやってくる。

④ アシカが（　およ　）ぐ姿って、すごくかっこいい。

⑤ ナマズには、本当に地震を（　よ　）知する能力があるんだろうか？

ヒント　予　州　湖　港　泳

84

動物の話でおぼえよう⑦

なまえ

年　　組

（　）の中には、どんな漢字が入るかな？　文章をよく読んで、当てはまる漢字をヒントの中から選んで書き入れてね。

① 勝手にトラのオリの中に入ったりすると、きみに（　ひ　）劇がおそいかかるぞ。

② トウキョウトガリネズミという動物は、とても（　かる　）くて、1.5 グラムぐらいしかないんだって。

③ うちのミニチュアダックスは、散らかすだけで、ちっとも（　せい　）理整とんできないんだ。……それって、当たり前か。

④ ニュージーランドの羊は、とても広い（　ぼく　）場に住んでいるんだって。

⑤ ニワトリって、太（　よう　）が昇る前から鳴き出すんだよね。早起きだなぁ。

ヒント　牧　悲　陽　軽　整

85

動物の話でおぼえよう⑧

なまえ

年　　組

（　）の中には、どんな漢字が入るかな？　文章をよく読んで、当てはまる漢字をヒントの中から選んで書き入れてね。

① マツノマダラカミキリというカミキリ虫は、（　まつ　）を食い荒らすので困っているという。

② ブタのことを（　えい　）語では、「ピッグ」っていうんだ。

③ あのイルカ、よく（　くん　）練されてるなぁ。うちのワンコと大違いだ。

④ あのシェパードは、人命救助をしたので（　しょう　）状がおくられるらしい。

⑤ ジュラ（　き　）の時代には、「メガゾストロドン」という、ネズミのような生物がいたらしいよ。

ヒント　松　英　紀　訓　賞

（　）の中には、どんな漢字が入るかな？　文章をよく読んで、当てはまる漢字をヒントの中から選んで書き入れてね。

① イグアナを家で飼うのは、そんなに簡（　たん　）じゃないんだぞ。

② 学校の（　そつ　）業式に、ペットのフェレットを連れてきた人がいたのにはおどろいたなぁ。

③ 結婚のお（　いわ　）いの席に、ペットのトイプードルも、ちょこんとすわっていた。

④ チンパンジーなど、ほ乳類の種類は、（　やく　）4500種ともいわれているよ。

⑤ パンダの赤ちゃん誕生が、ニュースとして、大々（　てき　）に伝えられた。

ヒント　祝　約　単　的　卒

87

7章 **動物の話でおぼえよう⑩**

なまえ

年　　組

（　）の中には、どんな漢字が入るかな？　文章をよく読んで、当てはまる漢字をヒントの中から選んで書き入れてね。

① 人間がどんなに（　ど　）力したって、チーターより速くは走れないさ。

② シャチって、ものすごく頭が（　よ　）いんだって。

③ 深海に住むダイオウイカは、いまだに多くのなぞに（　つつ　）まれているんだ。

④ 鮎は、（　きよ　）らかな水じゃないと、生きられないんだ。

⑤ あのゴリラは、ガラスを破壊したらしく、今度ゴリラ舎を（　かい　）造して、もっと頑丈にするそうだ。

ヒント　努　改　包　清　良

88

動物の話でおぼえよう⑪

なまえ

年　　組

（　）の中には、どんな漢字が入るかな？　文章をよく読んで、当てはまる漢字をヒントの中から選んで書き入れてね。

① 動物園には、サイやフラミンゴなど、たくさんの動物がいる。その動物園をまとめているのは、文部科学省なんだって。つまり、文部科学大（　じん　）がとりまとめているっていうことか。知らなかったよ。

② パンダの名前は、一般の人の投（　ひょう　）で決まるんだよね。

③ 熊が逃げ出して、警察（　かん　）まで出動する大騒ぎになった。

④ あのニホンザルは生意気なことに、お寿（　し　）を食べるそうだ。

⑤ イルカのショーでは、ずぶぬれにならないよう、（　かく　）自で気をつけるように。

ヒント　司　臣　各　官　票

89

動物の話でおぼえよう⑫

なまえ

年　　組

（　）の中には、どんな漢字が入るかな？　文章をよく読んで、当てはまる漢字をヒントの中から選んで書き入れてね。

① オオアリクイやジュゴンなどの、絶滅しそうな動物たちは、日本動物園水族館協会と環境（　　　）が中心になって、保護活動をしているそうだ。

② 沖縄県八重山（　　　）に生息しているイリオモテヤマネコは、とても貴重な動物だ。

③ 大阪（　　　）にある、「動物愛護管理センター」では、犬やネコとのふれあい体験ができるんだ。

④ まわりを岩に（　　　）まれたあの場所で、エゾナキウサギが日光浴をしている。

⑤ バイソンは、仲間がやられそうになると、みんなで（　　　）力して、強力な敵をおいはらうことがあるそうだ。

ヒント　省　囲　府　郡　協

90

（　　）の中には、どんな漢字が入るかな？　文章をよく読んで、当てはまる漢字をヒントの中から選んで書き入れてね。

① 深海に住むチョウチンアンコウは、自分で
（　　しょう　　）明を持っているから便利だ。

② ミーアキャットがキョロキョロしているのは、
（　　け　　）色をながめているわけじゃなく、敵を
見はってるんだって。

③ 時速70キロメートルで走るダチョウは、急
（　　てい　　）止なんかできないよね。

④ アフリカ象は、（　　こう　　）空機には、絶対に乗れ
ないだろうな。

⑤ アルダブラゾウガメというゾウガメは、甲羅の直
（　　けい　　）が1メートルもあるという。大きいねえ。

ヒント　径　照　景　停　航

（　）の中には、どんな漢字が入るかな？　文章をよく読んで、当てはまる漢字をヒントの中から選んで書き入れてね。

① キリンの仲間のオカピは、1日の食（ 　ひ 　）が9000円！　かなりグルメだ。

② あの（ 　か 　）物列車には、牛がぎっしり積まれているんだって。きゅうくつそうだな〜。

③ リスやハムスターは、食べ物をほっぺにしっかり（ 　たくわ 　）えているので、顔がぱんぱんだ。

④ カルガモの子どもたちが、お母さんに（ 　つづ 　）いて、水からあがってきた。

⑤ 自（ 　ぜん 　）界には、カバ、水牛など、人間よりも大きな動物が、いくらでもいる。

ヒント　然　貨　続　貯　費

92

動物の話でおぼえよう⑮

なまえ

年　　　組

（　）の中には、どんな漢字が入るかな？　文章をよく読んで、当てはまる漢字をヒントの中から選んで書き入れてね。

① フグ（　りょう　）理は中毒がこわくて、食べる気にならない。

② トカゲやヘビなどの、は虫（　るい　）は、変温動物といって、周りの温度によって体温を変化させるんだよ。

③ オオカミのサブリーダーは、人間社会でいえば、（　ふく　）大統領ってところかな。

④ 熊はかすかなにおいでもわかるらしく、岩の反対（　がわ　）にかくれた獲物でも、かんたんに見つけてしまうそうだよ。ちなみに、犬の7〜10倍の臭覚をもっているんだって。

ヒント　　類　側　料　副

都道府県の
漢字で遊ぼう！ **こんな県、あったっけ？①**

なまえ

年　　　組

聞いたこともない名前の県が書いてあるね。組み合わせると、4つの本物の県（都道府県のどれか）が出てくるよ。見つけたら、（　　）に読み仮名 □に漢字を書いてね。ヒントを見ながらがんばってさがそう。

> 島群県　栃本県　馬川県　清信県
>
> 未熊県　木目利県　練岡県　大山県

① （　　　　　） □□県

② （　　　　　） □□県

③ （　　　　　） □□県

④ （　　　　　） □□県

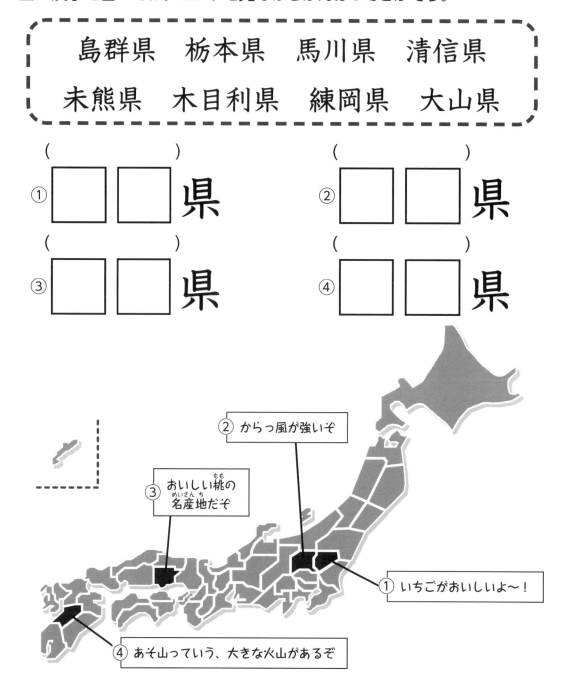

② からっ風が強いぞ

③ おいしい桃の名産地だぞ

① いちごがおいしいよ～！

④ あそ山っていう、大きな火山があるぞ

8章	コミイク	都道府県の漢字で遊ぼう！	こんな県、あったっけ？②

なまえ

年　　組

聞いたこともない名前の県が書いてあるね。組み合わせると、4つの本物の県（都道府県のどれか）が出てくるよ。見つけたら、（　　）に読み仮名□に漢字を書いてね。ヒントを見ながらがんばってさがそう。

阪伝県　井賀県　　佐別県　福付県

関城府　茨加県　開界木県　　大坂県

①（　　　　　） □□県

②（　　　　　） □□県

③（　　　　　） □□府

④（　　　　　） □□県

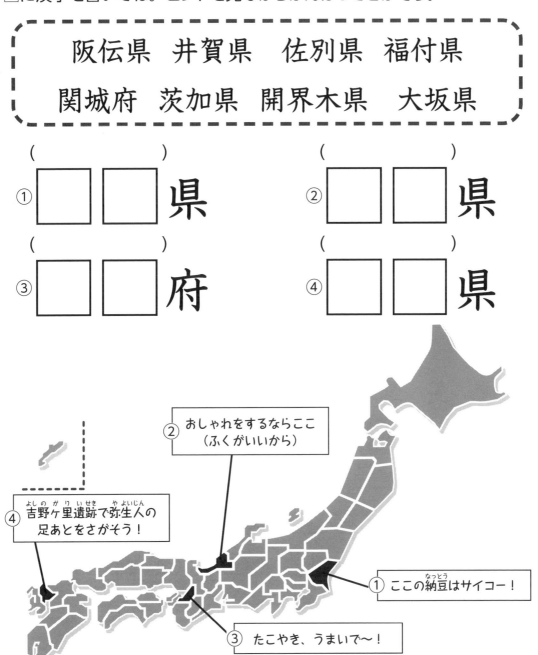

② おしゃれをするならここ（ふくがいいから）

④ 吉野ヶ里遺跡で弥生人の足あとをさがそう！

① ここの納豆はサイコー！

③ たこやき、うまいで～！

こんな県、あったっけ？③

8章　都道府県の漢字で遊ぼう！

なまえ

年　　組

聞いたこともない名前の県が書いてあるね。組み合わせると、4つの本物の県（都道府県のどれか）が出てくるよ。見つけたら、（　　）に読み仮名□に漢字を書いてね。ヒントを見ながらがんばってさがそう。

島照県　飛縄県　福士県　奈未県
省静県　岡府県　本臣県　沖之良県

（　　　　　）
① □ □ 県

（　　　　　）
② □ □ 県

（　　　　　）
③ □ □ 県

（　　　　　）
④ □ □ 県

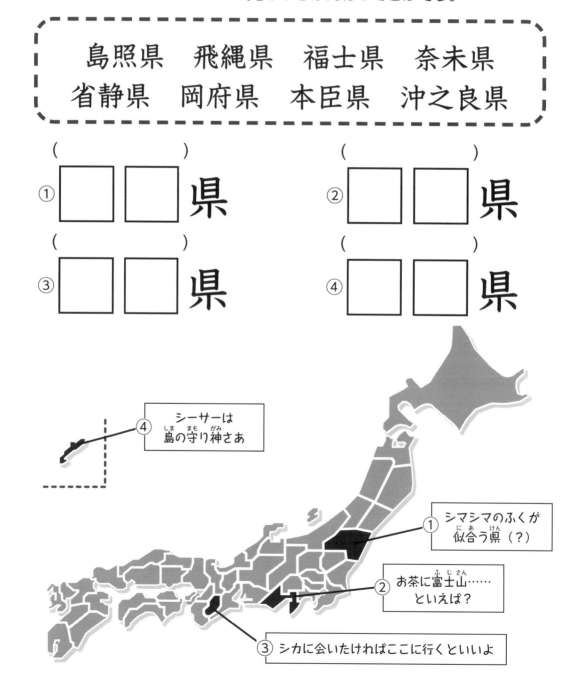

④ シーサーは島の守り神さあ

① シマシマのふくが似合う県（？）

② お茶に富士山……といえば？

③ シカに会いたければここに行くといいよ

96

コミニク

都道府県の
漢字で遊ぼう！ ## こんな県、あったっけ？④

なまえ

年　　組

聞いたこともない名前の県が書いてあるね。組み合わせると、4つの本物の県（都道府県のどれか）が出てくるよ。見つけたら、（　　）に読み仮名 □に漢字を書いてね。ヒントを見ながらがんばってさがそう。

> 海塩県　徳英県　印道県　　野北県
> 島嶋県　鹿山県　馬児菜県　　富島府

（　　　　　　　　　　）　　　　　　（　　　　　　　）
① □ □ □　　　　　　② □ □ 県

（　　　　　　　　　　）　　　　　　（　　　　　　　）
③ □ □ □ 県　　　　　④ □ □ 県

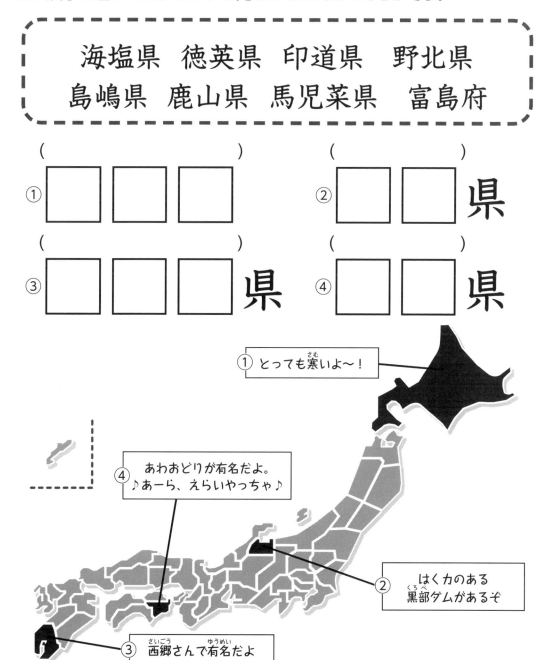

① とっても寒いよ〜！

④ あわおどりが有名だよ。
♪あーら、えらいやっちゃ♪

② はく力のある
黒部ダムがあるぞ

③ 西郷さんで有名だよ

都道府県の漢字で遊ぼう！ **だじゃれ都道府県①**

なまえ

年　　　組

会話の中に出てくるだじゃれが、ある都道府県のヒントになっているんだ。よーく考えて、それでもわからなかったら、「ヒントボックス」をのぞいてみよう。見つけたら、（　　）に読み仮名□に漢字を書いてね。

① 「ぼくこの前ね、"しんわんせん"に乗って、おじいちゃんちに行って来たんだ」
「しんわんせん？　それって、『か』のところが『わ』になってるんじゃないか？」

② （動物園で）
「あのサイ、すごい芸ができるんだって。行ってみようよ」
「わっ、本当だ。**サイ**が**玉乗**りしてるぞ。こりゃ、すごいや」

③ 「みんな、わになって遊ぼう。集まれ〜！」
「すごい、50人も集まっちゃった。こりゃ、**大きなわ**ができるだろうなぁ」

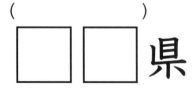

ヒント　広島県　香川県　埼玉県　広島県　沖縄県

都道府県の漢字で遊ぼう！ だじゃれ都道府県②

なまえ

年　　組

会話の中に出てくるだじゃれが、ある都道府県のヒントになっているんだ。よーく考えて、それでもわからなかったら、「ヒントボックス」をのぞいてみよう。見つけたら、（　　）に読み仮名□に漢字を書いてね。

① 「この時代劇、男の人が女の人に化けてるぞ。お城の中をこっそり歩いてる」
「えっ、ひめじゃなくて、とのだったってこと?」
「そういうことだ」

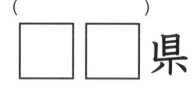

（　　　　　　）
□□県

② 「みんなの血液型はなに?」
「わたしB型」　「ぼくO型」
「あたしは2型よ」　「…そんな血液型、あったっけ?」

（　　　　　　）
□□県

③ 「はじめまして。ぼくは『としお　さとう』といいます」
「へえ〜、名前のほうが先なんだね」

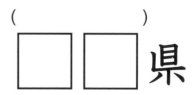

（　　　　　　）
□□県

ヒント　千葉県　愛媛県　新潟県　北海道　長崎県

会話の中に出てくるだじゃれが、ある都道府県のヒントになっているんだ。
よーく考えて、それでもわからなかったら、「ヒントボックス」をのぞいてみよう。見つけたら、（　　）に読み仮名□に漢字を書いてね。

① 「ぼくの県には、富士山があるよ」
　「わたしの県には、筑波山があるわよ」
　「ぼくの県には、山がひとつもないんです。とほほ」

（　　　　　）
□□県

② 「♪ドレミファソラド…♪」
　「あれっ？　今の、『○』がぬけてるよ」

（　　　　　）
□□県

③ 「義理のお母さんのことは、義母っていうんだよ」
　「ふーん、じゃあ、義理のお父さんのことは？」

（　　　　　）
□□県

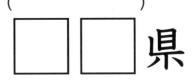

ヒント　神奈川県　滋賀県　山梨県　東京都　岐阜県

都道府県の漢字で遊ぼう！ **だじゃれ都道府県④**

なまえ

年　　組

会話の中に出てくるだじゃれが、ある都道府県のヒントになっているんだ。よーく考えて、それでもわからなかったら、「ヒントボックス」をのぞいてみよう。見つけたら、（　　）に読み仮名□に漢字を書いてね。

① 「あれっ、あそこにあった**山**が、**田**んぼになってるぞ」
　 「地かく変動でもおきたんじゃない?」

② 「ええっ、今日もまたカレー?」
　 「そうよ。今月はずっとカレーよ」
　 「もういいかげんに、『〇〇〇』よ〜」

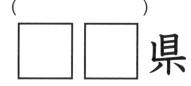

③ 「知ってる?　『恐怖』っていう漢字は、『きょう』と『ふ』に分けられるんだ」
　 「そんなの、当たり前じゃん」

ヒント　大阪府　山形県　秋田県　京都府　高知県

101

You can do it

チャレンジ 漢字で遊ぼう

漢字の勉強、おつかれさま。最後は楽しく遊べるコーナーだよ。
ちょっとレベルが高いかもしれないけど、肩の力をぬいて、さあ、チャレンジ！

チャレンジ 1 漢字しりとり

これはおたがいに書き合う遊びだよ。

算数→数字→上級者→

屋台→台風→海……

というように進めていこう。
　算数→ 数字のように、同じ漢字だけで
進めていくのはとてもむずかしいので、上
級 者→屋台のように、「ゃ」という音でつ
ないでいってもいいよ。

チャレンジ 2 漢字なぞなぞ

クイズに答えるのではなく、

【問題】「火のまん中にあるのはなぁに」

【答え】「人」

というように問題をつくる遊びだよ。もちろん、
つくった問題を出し合って遊ぶのもオーケーだ。

チャレンジ 3　漢字俳句（漢字歌）をつくろう！

「俳句」ってことば、聞いたことあるかな？　ことばを『五・七・五』の、17字にまとめてつくる短い詩のことだよ。

ここでは、音読み、訓読み、両方の読み方を、一つの俳句（歌）の中に入れて、センスあふれる俳句をつくってみよう。

> どうしても17字よりふえてしまったり（字あまり）、17字にたりなくなってしまったり（字たらず）してもかまわないよ。

【例】〈乗〉音読み＝ジョウ　訓読み＝の（る）

『**乗**客が　どんどん**乗**って　ちょうまんいん』

> う〜ん。17字にまとめるってむずかしいなぁ。

チャレンジ 4　「ヘン」テニス

"ヘン"と言っても、「ヘンジン」とか「ヘンタイ」の意味じゃないよ。「人＝にんべん」や「氵＝さんずい」などのことだよ。この「ヘン」のつく漢字を、テニスのプレーのように、二人で交代に言い合う、または書き合う遊びだよ。

20秒以内で答えられなかった場合や同じ漢字を続けてしまった場合には負け、といったルールをつくってもおもしろいよ。

作　化　供　佐

チャレンジ 5 　漢字かるた

　まず、漢字のカードと読みのカードをワンセットつくる。

　「雨」という漢字のカードの場合は、読み札に「今日はサッカーの試合だったのに、こんな雨ふりじゃ中止だな」というように、「雨」のまじった文章を入れる。

　漢字のカードをたくさんつくってシャッフルし、テーブルの上に広げる。あとは、ふつうのかるたと同じように遊べばいいんだ。

チャレンジ 6 　いくつ書けるかな？

　ちょっといそがしいゲームだよ。グループの一人が、「あのつく漢字！」と問題を出し、みんなが「あ」のつく漢字を思いつくだけ書く遊びだ。制限時間は１分間！

　さあ、いくつ書けるかな？

　ひととおり出たら、条件の漢字を変えてはじめよう。

愛　秋　雨　朝　足

「あ」のつく漢字は？

チャレンジ 7 漢字お話をつくろう

これは、決められた漢字をすべて使ったお話をつくっていくという遊びだよ。

〈例〉【決められた漢字】足 水 山 赤 風 波 宝

【お話】

「あるところに、一人の旅人がいました。その旅人は、山のかなたにあるという宝物を探しに行く途中でした。まっ赤な太陽がしずんでも、強い風はいっこうにおさまらず、やっと見つけた水場にも、ざわざわと波が立っているほどでした。その上すっかり歩きつかれて、足がぼうのようになっていました」

というように、お話をつくっていくんだ。

すごい名作が生まれるかもね。

チャレンジ 8 絵から推理しよう

絵を見て何の漢字か当てる遊びだよ。これにはちょっとしたコツがある。たとえば「牛」という漢字を書かせたいと思った時、ストレートに「牛」の絵を描いたのではおもしろくないよね。そこで、しっぽだけを描くとか、牛乳の絵を描くとかすると、むずかしいけど、楽しくなることまちがいなし。

推理 してね!

３年生漢字 200 字

漢字の下にある読み方のうち、カタカナは音読み、ひらがなは訓読みです。ハイフンは送り仮名の区切りです。また、漢字の横の数字は、書き順をあらわしています。正しい書き順をおぼえてきれいな安定した字を書けるように練習しましょう。

アク
わる - い

アン
やす - い

アン
くら - い

イ

イ
ゆだ - ねる

イ

イク
そだ - つ
はぐく - む

イン

イン
いん

イン
の - む

ウン
はこ - ぶ

エイ
およ - ぐ

エキ

オウ

オウ
よこ

オク
や

オン
あたた - かい
あたた - まる

カ
ケ
ば - ける

カ
に

カイ

カイ
ひら - く
あ - く

カイ

カン
さむ - い

カン

カン

カン
やかた

ガン
きし

起

キ
お - きる
お - こる

キ
ゴ

キャク
カク

キュウ
きわ - める

キュウ
いそ - ぐ

キュウ

キュウ
みや

キュウ
たま

キョ
さ - る

キョウ
はし

ギョウ
わざ

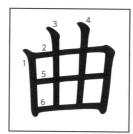

キョク
ま - がる

キョク

ギン

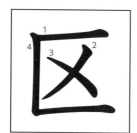

ク

ク
くる - しい
にが - い

グ

クン
きみ

ケイ
かか - る
かかり

ケイ
かる - い

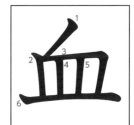

ケツ
ち

ケツ
き - める

ケン
と - ぐ

ケン

コ

コ
みずうみ

コウ
む - く
む - かう

コウ
しあわ - せ

コウ
みなと

ゴウ

コン
ね

サイ
まつ - る
まつ - り

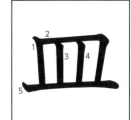

さら

109

シ
つか - える

シ
し - ぬ

シ
つか - う

シ
はじ - める

シ
ゆび
さ - す

シ
は

シ

ジ
つぎ

ジ
こと

ジ
も - つ

シキ

ジツ
み
みの - る

シャ
うつ - す

シャ
もの

シュ
おも

シュ
まも - る

110

シュ
と - る

シュ
さけ

ジュ
う - ける

シュウ
す

シュウ
ひろ - う

シュウ
お - わる

シュウ
なら - う

シュウ
あつ - まる
つど - う

ジュウ
す - む

ジュウ
おも - い
かさ - ねる

シュク
やど
やど - る

ショ
ところ

ショ
あつ - い

ジョ
たす - ける

ショウ

ショウ
き - える
け - す

ショウ
あきな - う

ショウ

ショウ
か - つ
まさ - る

ジョウ
の - る

ショク
う - える

シン
もう - す

シン
み

シン
ジン
かみ

シン
ま

シン
ふか - い
ふか - まる

シン
すす - む
すす - める

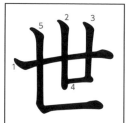
セイ
セ
よ

セイ
ととの - う

セキ
むかし

ゼン
まった - く
すべ - て

ソウ
あい

ソウ
おく - る

ソウ
ソ

ソク
いき

ソク
はや - い
はや - まる

ゾク
やから

タ
ほか

ダ
う - つ

タイ
ツイ

タイ
ま - つ

ダイ
か - わる
よ

ダイ

ダイ

タン
すみ

タン
みじか - い

ダン

チャク
き - る
き - せる
つ - く

チュウ
そそ - ぐ

チュウ
はしら

チョウ
テイ

チョウ

チョウ
しら - べる

ツイ
お - う

テイ
さだ - める
さだ - か

テイ
にわ

テキ
ふえ

テツ

テン
ころ - がる

ト
みやこ

ド
たび

トウ
な - げる

トウ
ズ
まめ

トウ
しま

トウ
ゆ

トウ
のぼ - る

トウ
ひと - しい

ドウ
うご - く

ドウ
わらべ

ノウ

ハ
なみ

ハイ
くば - る

バイ

はこ

はた
はたけ

ハツ
ホツ

ハン
そ - る

ハン
さか

ハン
バン
いた

ヒ
かわ

ヒ
かな - しい

ビ
うつく - しい

ビ
はな

ヒツ
ふで

ヒョウ
こおり
ひ

ヒョウ
おもて
あらわ - す

ビョウ

ビョウ
やまい

ヒン
しな

フ
ま - ける
お - う

ブ

フク

フク

ブツ
モツ
もの

ヘイ
ビョウ
たい - ら

ヘン
かえ - す
かえ - る

ベン

ホウ
はな - す
はな - つ

ミ
あじ
あじ - わう

メイ
いのち

メン
おもて

モン
と - う
と - い

ヤク
エキ

ヤク
くすり

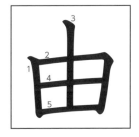
ユ
ユウ

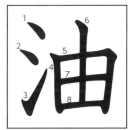
ユ
あぶら

ユウ
あ - る

ユウ
あそ - ぶ

ヨ

ヨウ
ひつじ

ヨウ

ヨウ
は

ヨウ

ヨウ
さま

ラク
お‐ちる

リュウ
ル
なが‐れる

リョ
たび

リョウ

リョク
みどり

レイ
ライ

レツ

レン
ね‐る

ロ
じ

ワ
やわ‐らぐ
なご‐む

４年生漢字 202 字

漢字の下にある読み方のうち、カタカナは音読み、ひらがなは訓読みです。ハイフンは送り仮名の区切りです。
また、漢字の横の数字は、書き順をあらわしています。正しい書き順をおぼえてきれいな安定した字を書けるように練習しましょう。

アイ

アン

イ

イ
ころも

イ
くらい

いばら

イン
しるし

エイ

エイ
さか - える
は - える

エン
ひめ

エン
しお

おか

オク

カ
くわ - える
くわ - わる

カ
は - たす
は - てる

カ

カ

ガ
め

ガ

カイ
あらた - める

カイ

ガイ

ガイ
まち

カク
おのおの

カク
おぼ - える
さ - ます

かた（がた）

カン

カン

120

カン
くだ

カン
せき
かか - わる

カン

ガン
ねが - う

キ（ギ）

キ

キ

キ
はた

キ
うつわ

キ
はた

ギ

キュウ
もと - める

キュウ
な - く

キュウ

キョ
あ - げる

ギョ
リョウ

キョウ
とも

キョウ

キョウ
かがみ

キョウ
ケイ
きそ - う

キョク
きわ - める
きわ - み

くま

クン

グン

グン

グン
む - れる
む - れ　む - ら

ケイ

ケイ

ゲイ

ケツ
か - ける
か - く

ケツ
むす - ぶ
ゆ - う

ケン
コン
た - てる
た - つ

ケン
すこや - か

ケン
ゲン

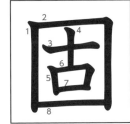

コ
かた - まる
かた - い

コウ
ク

コウ
この - む
す - く
よ - い

コウ
キョウ
か　かお - り
かお - る

コウ
そうろう

コウ

サ

サ
さ - す

サイ
な

サイ
もっと - も

サイ

ザイ

さき

サク

サツ
ふだ

サツ
す - る

サツ

サン
まい - る

サン
う - む
う - まれる

サン
ち - る

ザン
のこ - る

シ
うじ

シ

シ
こころ - みる
ため - す

ジ　ニ
コ

ジ
おさ - める
なお - る

ジ（シ）

ジ
や - める

しか
か

シツ
うしな - う

シャク
か - りる

シュ
たね

シュウ
まわ - り

シュク
シュウ
いわ - う

ジュン

ショ
はじ - め
はつ

ショウ
まつ

ショウ
わら - う
え - む

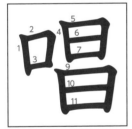
ショウ
とな - える

ショウ
や - く
や - ける

ショウ
て - る
て - れる

ジョウ
しろ

ジョウ
なわ

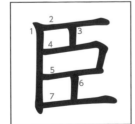
シン
ジン

シン

ショウ
セイ
い

セイ
ジョウ
な - る

セイ
ショウ
かえり - みる

セイ
きよ - い
きよ - める

セイ
しず
しず - か

セキ

セキ
つ - む
つ - もる

セツ
お - る
おり

セツ
ふし

セツ
と - く

セン
あさ - い

セン
いくさ
たたか - う

セン
えら - ぶ

ゼン
ネン

ソウ
あらそ - う

ソウ
くら

ソウ
す

ソク
たば

ソク
がわ

ゾク
つづ - く

ソツ

ソン
まご

タイ
お - びる
おび

タイ

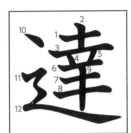

タツ
ダチ

タン

チ
お - く

チュウ
なか

チュウ
おき

チョウ
きざ - し

テイ
ひく - い

テイ
そこ

テキ
まと

テン

デン
つた - わる
つた - う

ト

ド
つと - める

トウ
ひ

ドウ
はたら - く

トク

トク

とち

な

なし

ネツ
あつ - い

ネン

ハイ
やぶ - れる

バイ
うめ

ハク

ハン
さか

ハン
めし

ヒ
つい - やす

ヒツ
かなら - ず

ヒョウ

ヒョウ
しるし

フ
ブ

フ
フウ
おっと

フ
つ - ける
つ - く

フ

フ

フ
と - み
と - む

フク

ヘイ
ヒョウ

ベツ
わか - れる

ヘン
あたり
べ

ヘン
かわ - る
かえ - る

ベン
ビン
たよ - り

ホウ
つつ - む

ホウ
ホッ

ボウ
モウ
のぞ - む

ボク
まき

マツ
バツ
すえ

マン
み - ちる
み - たす

ミ

ミン
たみ

ム
ブ
な - い

ヤク

ユウ
いさ - む

ヨウ
かなめ
い - る

ヨウ
やしな - う

ヨク
あ - びる

リ
き - く

リク

リョウ
よ - い

リョウ

リョウ
はか - る

リン
わ

ルイ
たぐ - い

レイ

レイ
つめ - たい
ひ - える
さ - める

レイ
たと - える

レン
つら - なる
つら - ねる

ロウ
お - いる
ふ - ける

ロウ

ロク

1章　まちがいさがし

P6　漢字まちがいさがし①
① 神様　（しんどう）・（かみ）（もよう）・（さま）
② 失敗　（しつれい）・（うしな）（はいせん）・（やぶ）
③ 街灯　（しょうてんがい）・（まちかど）（とうだい）・（ひ）
④ 幸福　（こううん）・（しあわ）（だいふく）・（ふく）

P7　漢字まちがいさがし②
① 栄養　（えいこう）・（さか）（ようぶん）・（やしな）
② 研究　（けんきゅうしゃ）・（けんしゅう）（きゅうきょく）・（きわ）
③ 旅館　（りょこう）・（たびびと）（たいいくかん）・（かんちょう）
④ 感動　（かんそうぶん）・（かんしゃ）（どうぶつ）・（うご）

P8　漢字まちがいさがし③
① 健康　（ほけん）・（すこ）（けんこうしょく）・（ふけんこう）
② 軍隊　（ぐんて）・（たいぐん）（おんがくたい）・（たいちょう）
③ 発表　（はったつ）・（しゅっぱつ）（ひょうじょう）・（おもてがわ）・（あらわ）
④ 仕事　（しく）・（つか）（しょくじ）・（こと）

P9　漢字まちがいさがし④
① 競争　（きょうぎ）・（けいば）・（きそ）（せんそう）・（あらそ）
② 参加　（さんか）・（まい）（かこうひん）・（くわ）
③ 薬局　（やくひん）・（くすりばこ）（ゆうびんきょく）・（きょくちょう）
④ 博士　（はくぶつかん）・（はくあい）（しょうぼうし）・（りきし）

P10　漢字まちがいさがし⑤
① 耳鼻科　（じびか）・（はなみず）（しゅっけつ）・（はなぢ）
② 練習　（くんれん）・（ね）（しゅうじ）・（なら）
③ 胃腸　（いぐすり）・（いつう）（しょうちょう）・（だいちょう）
④ 周辺　（いっしゅう）・（まわ）（しゅうへん）・（あた）・（うみべ）

P11　漢字まちがいさがし⑥
① 勝負　（しょうり）・（か）（ふしょう）・（ま）・（お）
② 便利　（たくはいびん）・（ほうべん）・（たよ）（ふり）・（りてん）
③ 進路　（こうしん）・（ぜんしん）・（すす）（どうろ）・（いえじ）
④ 集配　（しゅうごう）・（あつ）（はいたつ）・（くば）

P12　漢字まちがいさがし⑦
① 印刷　（いんしょうてき）・（めじるし）（いんさつぶつ）・（す）
② 最初　（さいきょう）・（もっと）（しょしん）・（はつはる）
③ 必要　（ひっし）・（ひつぜんてき）（ようてん）・（かなめ）
④ 病院　（びょうき）・（やまい）（にゅういん）・（じいん）・（いんないがっきゅう）

P13　漢字まちがいさがし⑧
① 特別　（とくしょく）・（とっきゅう）（くべつ）・（べってんち）
② 温度　（おんせん）・（あたた）（おんどけい）（そくど）・（ど）
③ 筆箱　（もうひつ）・（おおふで）（ひっしゃ）（ほんばこ）・（ばこ）
④ 希望　（きぼう）・（きしょう）（ぼうえんきょう）・（のぞ）

P14　漢字まちがいさがし⑨
① 君主　（くんしゅ）・（きみ）（しゅじんこう）・（おも）
② 観察　（かんさつ）・（じゅぎょうさんかん）（さつ）・（さっ）
③ 定員　（よてい）・（ていしょく）・（さだ）（ぜんいん）・（ぎんこういん）
④ 反対　（はんそく）・（そ）（たいせん）・（たいわ）

P15　漢字まちがいさがし⑩
① 機械　（きかい）・（ひこうき）（きかいたいそう）・（きかいか）
② 世界　（せいき）・（よ）（げんかい）・（かい）・（きょうかいせん）
③ 成功　（せいちょう）・（な）（こうろうしゃ）・（ねんこうじょれつ）

2章　バラバラ事件

P16　漢字バラバラ事件①
① 県　（けんちょう）・（とどうふけん）
② 遊　（ゆうえんち）・（あそ）
③ 器　（しょっき）・（きよう）
④ 標　（もくひょう）・（ひょうご）
⑤ 根　（こんき）・（ね）
⑥ 真　（しんじつ）・（ま）

P17　漢字バラバラ事件②
① 勉　（べんきょう）・（べん）
② 鏡　（ぼうえんきょう）・（てかがみ）
③ 種　（しゅるい）・（たね）
④ 題　（しゅくだい）・（だいもく）
⑤ 持　（じさん）・（も）
⑥ 管　（しけんかん）・（けっかん）

P18　漢字バラバラ事件③
① 植　（しょくぶつ）・（う）
② 戦　（せんそう）・（けっしょうせん）
③ 残　（ざんねん）・（のこ）
④ 救　（きゅうきゅうしゃ）・（すく）

⑤ 育 （きょういく）・（そだ）
⑥ 羊 （ようもう）・（こひつじ）

P19　漢字バラバラ事件④
① 深 （しんかい）・（ふか）
② 議 （ぎじ）・（かいぎ）
③ 短 （たんぶん）・（きみじか）
④ 指 （しどう）・（おやゆび）
⑤ 湯 （ゆ）・（せんとう）
⑥ 建 （けんちく）・（こんりゅう）・（たてぐ）

P20　漢字バラバラ事件⑤
① 案 （あんない）・（とうあん）
② 庭 （こうてい）・（なかにわ）
③ 塩 （えんぶん）・（しおあじ）
④ 酒 （いんしゅ）・（ざけ）・（さか）
⑤ 荷 （にもつ）・（ふか）
⑥ 満 （まんてん）・（み）

P21　漢字バラバラ事件⑥
① 客 （きゃくしつ）・（りょかく）
② 追 （ついか）・（お）
③ 静 （あんせい）・（しず）
④ 農 （のうか）・（のうさくぶつ）
⑤ 録 （きろく）・（ろくが）
⑥ 飲 （いんりょうすい）・（の）

P22　漢字バラバラ事件⑦
① 課 （かだい）・（ほうかご）
② 第 （だいいちごう）・（けんこうだいいち）
③ 毒 （ちゅうどく）・（どく）
④ 例 （れいぶん）・（たと）
⑤ 菜 （やさい）・（な）
⑥ 葉 （こうよう）・（は）・（ことば）

P23　漢字バラバラ事件⑧
① 量 （たいりょう）・（はか）
② 喜 （きげき）・（よろこ）
③ 流 （りゅうこう）・（なが）
④ 愛 （あいけん）・（しんあい）
⑤ 勇 （ゆうき）・（いさ）

3章　めいろで遊ぼう

P24　漢字めいろ①　＜ひと、にんべんの漢字＞
スタート…他→倍→住→化→仕→使…ゴール

P25　漢字めいろ②　＜さんずいの漢字＞
スタート…泳→温→漢→決→湖→港→消→深→注→湯
→波→油→洋→流…ゴール

P26　漢字めいろ③　＜きへんの漢字＞
スタート…横→橋→根→植→柱→板→様→標…ゴール

P27　漢字めいろ④　＜いとへんの漢字＞
スタート…級→終→緑→練…ゴール

P28　漢字めいろ⑤　＜うかんむりの漢字＞
スタート…守→安→定→実→客→宮→宿→寒…ゴール

P29　漢字めいろ⑥　＜てへんの漢字＞
スタート「打→投→拾→持→指…ゴール

P30　漢字めいろ⑦　＜こころの漢字＞
スタート…急→息→悪→悲→想→意→感…ゴール

P31　漢字めいろ⑧　＜しんにょう、しんにゅうの漢字＞
スタート…返→追→送→速→進→遊→運…ゴール

P32　漢字めいろ⑨　〈くさかんむりの漢字〉
スタート…苦→荷→落→薬→葉…ゴール

P33　漢字めいろ⑩　＜しめす、しめすへんの漢字＞
スタート…礼→神→祝→福…ゴール

4章　四字熟語でおぼえよう！

P34　かくれんぼ漢字①
① 折　② 味　③ 飛　④ 注

P35　かくれんぼ漢字②
① 運　② 節季　③ 象

P36　かくれんぼ漢字③
① 第　② 返　③ 芸　④ 着

P37　かくれんぼ漢字④
① 治　② 由　③ 利　福

P38　あなうめクイズ①
①「悪」「戦」「苦」闘　❶（悪）❷（悪人）❸（戦争）
❹（戦）❺（苦）❻（苦）
②「以」心「伝」心　❶（以上）❷（伝）（伝）

P39　あなうめクイズ②
① 一「衣」「帯」水　❶（衣）❷（一帯）❸（帯）
② 一言居「士」　❶（士）

P40　あなうめクイズ③
① 一「期」一会　❶（学期）
② 一部「始」「終」　❶（始発）❷（始）❸（終点）❹（終）

P41　あなうめクイズ④
① 一「所」懸「命」❶（所）❷（命）❸（命）
② 一刀「両」断　❶（両）

P42　あなうめクイズ⑤
① 円満「具」足　❶（具）
②「開」口一番　❶（開）❷（開）❸（開）

P43　あなうめクイズ⑥
① 頑「固」一徹　❶（固）・（固）❷（固）
②「完」「全」「無」「欠」　❶（完）❷（全）❸（無）❹（欠）

P44　あなうめクイズ⑦
　① 危「機」一髪　❶（機）
　②「起」「死」回生　❶（起）❷（起）❸（死）

P45　あなうめクイズ⑧
　① 起承「転」「結」　❶（転）❷（転）❸（結）❹（結）
　② 疑心「暗」鬼　❶（暗）（暗）

P46　あなうめクイズ⑨
　① 奇「想」天外　❶（想）
　②「急」転直下　❶（急）

P47　あなうめクイズ⑩
　①「共」存共「栄」　❶（共）❷（共）❸（栄）❹（栄）
　② 三「寒」四「温」　❶（寒）（寒）❷（温）（温）

P48　どっちが正しい漢字かな①
　① 自給自足　❶（給）　② 順風満帆　❶（順）
　③ 千差万別　❶（差）❷（別）

P49　どっちが正しい漢字かな②
　① 前人未到　❶（未）　② 前代未聞　❶（代）
　③ 速戦即決　❶（速）❷（決）

P50　どっちが正しい漢字かな③
　① 創意工夫　❶（意）❷（夫）
　② 丁丁発止　❶（丁）❷（発）

P51　どっちが正しい漢字かな④
　① 適材適所　❶（材）　② 猪突猛進　❶（進）❷（進）
　③ 天変地異　❶（変）

P52　どっちが正しい漢字かな⑤
　① 難攻不落　❶（不）❷（落）
　② 得意満面　❶（得）❷（意）❸（面）
　③ 二束三文　❶（束）

P53　どっちが正しい漢字かな⑥
　① 半信半疑　❶（信）　② 本末転倒　❶（末）
　③ 有名無実　❶（有）

P54　どっちが正しい漢字かな⑦
　① 油断大敵　❶（油）　② 用意周到　❶（周）
　③ 老若男女　❶（老）

5章 ことわざでおぼえよう！

P55　あなうめクイズ①
　① 熱　② 医　③ 泣　④ 鼻・笑　⑤ 豆

P56　あなうめクイズ②
　① 焼　② 拾　③ 住・都　④ 灯　⑤ 薬

P57　あなうめクイズ③
　① 対岸・事　② 福　③ 去　④ 礼　⑤ 利

P58　あなうめクイズ④
　① 打　② 仲　③ 他　④ 葉・葉　⑤ 旅・連

P59　どっちが正しい漢字かな①
　① 敵に塩を送る　② ちりも積もれば山となる
　③ 精神一到何事か成らざらん　④ 習うより慣れろ

P60 どっちが正しい漢字かな②
　① 失敗は成功のもと　② 取らぬたぬきの皮算用
　③ ありも軍勢　④ 魚の木に登るがごとし

P61 どっちが正しい漢字かな③
　① 石橋を叩いて渡る　② 寝る子は育つ
　③ 聞いて極楽見て地獄　④ 死中に活を求める

P62　どっちが正しい漢字かな④
　① 株を守りて兎を待つ　② 真綿に針を包む
　③ 居候三杯目にはそっと出し　④ 陸に上がった河童

P63　どっちが正しい漢字かな⑤
　① 当てごとは向こうからはずれる　② 畠にはまぐり
　③ 実るほど頭を垂れる稲穂かな　④ 鉄は熱いうちに打て

P64　かくれんぼ漢字①
　①「漁」夫の利　②「案」ずるより産むが易し
　③ 塗「炭」の苦しみ　④「梅」にうぐいす

P65　かくれんぼ漢字②
　① 風雲急を「告」げる　② 弘法筆を「選」ばず
　③「氏」より育ち　④「老」馬の智

P66　かくれんぼ漢字③
　①「徒」花に実はならず　② 薄「氷」を踏むがごとし
　③ 毒を食らわば「皿」まで　④ 春眠暁を「覚」えず

P67　かくれんぼ漢字④
　①「席」の暖まる暇もない　② 兎の上り「坂」
　③「波」に千鳥　④「昨」日は人の身今日は我が身

P68　かくれんぼ漢字⑤
　①「浅」い川も深く渡れ　② いざ鎌「倉」
　③ ごまめの「歯」ぎしり　④ 生「兵」法はケガのもと

P69　かくれんぼ漢字⑥
　① 百日の「説」法屁ひとつ
　② わら千本あっても「柱」にはならぬ
　③「児」孫のために美田を買わず
　④ 二「階」から目薬

6章　慣用句でおぼえよう！

P70　（　）の中に漢字を入れよう①
　① 火の（消）えたよう　② 小手（調）べ
　③ ものは（相）（談）　④ 気が（重）い

P71　（　）の中に漢字を入れよう②
　①（関）の山　② 目鼻が（付）く
　③（型）にはまる　④ 目は心の（鏡）

P72　（　）の中に漢字を入れよう③
　① 有（終）の（美）を飾る　② 虎を野に（放）つ

134

③ 腰が（低）い　④ 猫の手も（借）りたい

P73　（　）の中に漢字を入れよう④
① （身）を粉にする　② （板）に付く
③ （底）をつく　④ 蜂の（巣）をつついたよう

P74　おかしな漢字①
① 右に出る「者」はいない　② いぶし「銀」
③ 「脈」がある　④ 「好」い顔をしない
⑤ 頭を「冷」やす　⑥ 異を「唱」える
⑦ 「秒」読みに入る

P75　おかしな漢字②
① 「商」いは牛のよだれ　② 一「札」入れる
③ 朝「飯」前　④ 「芽」が出る
⑤ 手に「取」るようにわかる　⑥ 真に「受」ける

P76　（　）に入る漢字は何かな①
① 下にも（置）かない……ウ
② （輪）をかける……エ　③ へそを（曲）げる……ア
④ いもづる（式）……イ　⑤ 一（堂）に会する……オ

P77　（　）に入る漢字は何かな②
① 一（旗）揚げる……ア　② 骨を（折）る……オ
③ （挙）げ句の果て……エ　④ 迷（宮）入り……ウ
⑤ 後の（祭）り……イ

P78　（　）に入る漢字は何かな③
① 茶飲み友（達）……ウ　② 虫も（殺）さない……イ
③ 火花を（散）らす……ア
④ 頭から水を（浴）びたよう……エ

7章　かわいい動物話

P79　動物の話でおぼえよう①
① （央）② （駅）③ （安）④ （意）⑤ （乗）

P80　動物の話でおぼえよう②
① （庫）② （球）③ （使）④ （緑）⑤ （暑）

P81　動物の話でおぼえよう③
① （昔）② （昭）③ （族）④ （写）⑤ （委）

P82　動物の話でおぼえよう④
① （申）② （育）③ （級）④ （係）⑤ （漢）

P83　動物の話でおぼえよう⑤
① （詩）② （部）③ （章）④ （帳）⑤ （区）

P84　動物の話でおぼえよう⑥
① （州）② （港）③ （湖）④ （泳）⑤ （予）

P85　動物の話でおぼえよう⑦
① （悲）② （軽）③ （整）④ （牧）⑤ （陽）

P86　動物の話でおぼえよう⑧
① （松）② （英）③ （訓）④ （賞）⑤ （紀）

P87　動物の話でおぼえよう⑨
① （単）② （卒）③ （祝）④ （約）⑤ （的）

P88　動物の話でおぼえよう⑩
① （努）② （良）③ （包）④ （清）⑤ （改）

P89　動物の話でおぼえよう⑪
① （臣）② （票）③ （官）④ （司）⑤ （各）

P90　動物の話でおぼえよう⑫
① （省）② （郡）③ （府）④ （囲）⑤ （協）

P91　動物の話でおぼえよう⑬
① （照）② （景）③ （停）④ （航）⑤ （径）

P92　動物の話でおぼえよう⑭
① （費）② （貨）③ （貯）④ （続）⑤ （然）

P93　動物の話でおぼえよう⑮
① （料）② （類）③ （副）④ （側）

8章　都道府県の漢字で遊ぼう！

P94　こんな県、あったっけ?①
① 栃木（とちぎ）　② 群馬（ぐんま）
③ 岡山（おかやま）　④ 熊本（くまもと）

P95　こんな県、あったっけ?②
① 茨城（いばらき）　② 福井（ふくい）
③ 大阪（おおさか）　④ 佐賀（さが）

P96　こんな県、あったっけ?③
① 福島（ふくしま）　② 静岡（しずおか）
③ 奈良（なら）　④ 沖縄（おきなわ）

P97　こんな県、あったっけ?④
① 北海道（ほっかいどう）　② 富山（とやま）
③ 鹿児島（かごしま）　④ 徳島（とくしま）

P98　だじゃれ都道府県①
① 香川（かがわ）　② 埼玉（さいたま）
③ 沖縄（おきなわ）

P99　だじゃれ都道府県②
① 愛媛（えひめ）　② 新潟（にいがた）
③ 長崎（ながさき）

P100　だじゃれ都道府県③
① 山梨（やまなし）　② 滋賀（しが）
③ 岐阜（ぎふ）

P101　だじゃれ都道府県④
① 山形（やまがた）　② 秋田（あきた）
③ 京都（きょうと）

プロフィール

山口 理(やまぐち さとし)

東京都に生まれる。大学在学中に母校の高校にて、現代国語の代用教員となり、教鞭を執る。大学卒業後に千葉県の小学校教員として勤務した後、執筆生活に入る。教育書、評論、ノンフィクション、創作と幅広いジャンルの著書がある。日本語関係の代表的な著書として、『準備いらずのクイック漢字遊び』『準備いらずのクイックことば遊び』(共にいかだ社)、『まんがで学ぶ四字熟語』『まんがで学ぶ慣用句』『まんがで学ぶ語源』『まんがで学ぶ同音語』(共に国土社)、『国語おもしろ発見クラブ全10巻＜既刊：9巻＞』(偕成社)等がある。日本児童文学者協会会員。日本ペンクラブ会員。

編集●内田直子
イラスト●伊東ぢゅん子
DTP●いかだ社デザイン室

遊んでおぼえる漢字ワークシート 小学校中学年【増補改訂版】

2020 年 3 月 12 日　第 1 刷発行
2021 年 3 月 12 日　第 2 刷発行

著　者●山口理 ©
発行人●新沼光太郎
発行所●株式会社いかだ社
〒 102-0072　東京都千代田区飯田橋 2-4-10　加島ビル
Tel.03-3234-5365　Fax.03-3234-5308
E-mail　info@ikadasha.jp
ホームページ URL　http://www.ikadasha.jp/
振替・00130-2-572993
印刷・製本　モリモト印刷株式会社